Viktor Emil

Frankl

Was nicht in meinen Büchern steht
Lebenserinnerungen

フランクル回想録

20世紀を生きて

V・E・フランクル 山田邦男［訳］

春秋社

緒言

マルティーナ・ガスト＝ガンペ

二十世紀の証人にして、独自の精神療法の創始者、そしてナチス強制収容所を生きのびるという想像を絶する出来事の象徴。この全体が、ヴィクトール・E・フランクルその人である。本書は、一九〇五年にウィーンで生まれた博士が、ともに体験し、ともに苦しみ、その業績によってともに造りあげてきたこのほぼ一世紀全体を振り返るものである。

博士の九十歳の誕生日（一九九五年三月二十六日）を記念して刊行されるこの回想録は、もともと、すでに数年前に、公にするつもりなしに生涯のエピソードとして書きとめられたものである。しかし、博士は、これまでの著作がほとんど専門的なものばかりだったことから、三十一冊目は自身の人生における出会いや出来事をつづった個人的な本を出版しようと決意したのであった。そこで、この回想録の個人的な性格はそのまま残されることになった。それによって今世紀の精神史における真に偉大な人格の生きた姿を浮かび上がらせるためである。

本書は、出版社との密接な協力関係の下にできあがった。博士は、ご自身の年齢や健康状態をも顧みず、全力を挙げて本書に取り組んでくれた。そのおかげで、その九十歳の誕生日を逸することなく刊行することができたのである。

これに関連して、まず第一に感謝すべきは、エリー夫人であろう。夫人は、博士の草稿をタイプしたただけでなく、作業のあらゆる段階でつねに博士を支え続けた。さらにこの本の完成に同じく大きな貢献を果たしたハラルド・モリ氏にもお礼を申し上げる。もちろん本書が可能になったのは誰よりも博士ご自身のお蔭であり、とくに厚くお礼を申し上げたい。

ミュンヘンにて、一九九五年二月

フランクル回想録・目次

I　幼年、そして性格

II　精神医学への道

III　ナチス時代

IV 〈意味〉へのたたかい

フランクル回想録

1954年のフランクル（油絵、フロリアン・ヤコヴィッツ作）

〔凡例〕

・（　）は原則として原著にある補足、〔　〕は訳者による補いである。
・原注は★、訳注は☆で示し、それぞれ原則的に奇数頁左にまとめてつけた。
・原文イタリックは、強調の場合は傍点で、特殊名詞の場合は〝　〟で示した。
・章分けおよび章題は訳出に際しての補いである。

I　幼年、そして性格

ウィーン、ツェルニンガッセ６番の生家

プラハの旧ユダヤ人墓地にある、多くの伝説に包まれた
ラビ・レーヴの墓標

両親の結婚記念写真（1901年）

当時流行の服を着た母エルザ

父ガブリエル（高校時代、1879年頃）

第二次世界大戦中の両親

フランクル（中央）と兄ヴァルター、妹ステラ

フランクル一家（1925年）
（左から）ヴィクトール、父ガブリエル、母エルザ、妹ステラ、兄ヴァルター

両親

私の母は、プラハの由緒正しい名門の出で、プラハ出身のドイツ詩人オスカー・ヴィーナー★1（マイリンクス★2の小説『ゴーレム』に描かれている）は彼女の伯父に当たる。私が彼に会ったとき、彼はすでに失明しており、テレージエンシュタットの収容所でなくなる直前であった。さらにつけ加えるとすれば、私の母は十二世紀に活躍したラシ★3の末裔であり、また同時に「マハラール」★4、すなわち有名なプラハの「ラビ・レーヴ」の子孫でもあった。そういうことで私は「マハラール」の第十二代目ということになる。これはすべて、一度目にする機会のあった家系図にしたがったものである。

私は危うく有名なウィーンのカフェー、〝ジラー〟でこの世の日の目を見るところであった。そこで母の陣痛が始まったのである。一九〇五年三月二十六日の春らしい日曜の午後のことであった。私の誕生日はベートーヴェンの命日と同じで、ある同級生はこう悪口をたたいたものである――「悪いことは重なるものだ」。

母は心優しい、信心深い女性であった。だから、子供のころ、なぜ私がみんなにも言われるほどの「ワル」だったのか、自分でも腑に落ちない。幼いころは、母が「それは、それは昔のこと」という子守歌を歌ってくれないと眠りにつけなかった。歌詞はどうでもよかったのだが――後に母は、「さあ、だから静かにして、悪い子ね。それは、それは昔のこと、それは、それは昔のこと」と、いつもいつも歌って聞かせたものだ、と話してくれた――メロディだけは同じでないと承知しなかった。
病院勤めで住み込んでいたころ、実家への思慕があまりに強く、何週間、何ヵ月、いや、何年もホームシックに悩まされた。最初のころは週に一度は実家に帰るほどだった。しかし、そのうち月に一度となり、そしてしまいには自分の誕生日にだけ家に帰るようになった。テレージエンシュタットで父が亡くなり、母と二人になってからは、いつどこで母と会っても、別れ際にはキスをすることにしていた。そうすれば、何かで二人が別々に暮らさねば

★1 一八七三年三月四日プラハ生まれ。収容所移送一九四四年四月二十日。叙情詩人、小説家、文芸ジャーナリスト、編集者(『古いプラハの覗き箱』)。

★2 グスタフ・マイリンクス。一八六八年一月十九日ウィーン生まれ。一九三二年十二月四日シュタルンベルクにて没。オーストリアの作家、『ジンプリチスムス』〔ドイツの政治風刺雑誌〕の寄稿家。E・T・A・ホフマンとE・A・ポーを継承した幻想小説の著者。代表作に『ゴーレム』〔ユダヤの粘土人形〕(一九一五年)がある。

★3 一〇四〇年トロア〔フランス〕生まれ。一一〇五年同地で没。本名はサロモ・ベン・イサーク。聖書とタルムードの解釈をしたユダヤ人。特に聖書とタルムードの記録に使われたヘブライ語の平方書きの書体であるラシッド文字は、彼の名前に由来する。

★4 マハラールは「マ・ハ・ラール」で、民衆から「偉大なラビ」と呼ばれたラビ・レーヴ〔イェフダ・ベン・ベザゼル・レーヴ〕の公式称号である“Morenu H-rab Rabbenu”のヘブライ語の文献用の略号。「我が師、我がラビ、レーヴ」というような意味。

ならなくなっても、気持ちよく別れたという思いを残すことができるからである。

そしていよいよ本当にその別離の時が来た。私と最初の妻ティリーがアウシュヴィッツに移送されることになり、母に別れを告げたその最後の瞬間に、「どうか僕に祝福の言葉を」と母に懇願した。そして、私は決して忘れない、まさに心の底からの、熱烈としか言いようのない叫び声で「いいとも、いいとも、祝福してあげるよ」と言って、私に祝福の言葉を与えてくれたことを。それは、母自身も同じくアウシュヴィッツに移送され、そこでただちにガス室に送り込まれる一週間ほど前のことであった。

アウシュヴィッツでは、私はしきりに母のことを考えていた。そしてその度に、再び母に会えたなら、文字通り彼女の前にひざまずき、洋服の裾にキスをするのが唯一自分にはふさわしいであろう、という思いがこみ上げてくるのを抑えることができなかった。

母は心優しい、信心深い女性だったと言ったが、父は性格的にはむしろその反対だったと言えるだろう。彼は人生に対してスパルタ的な、厳格な考えをもち、義務についても同様の考えをもっていた。自らの信条をもち、かつそれに忠実であった。私自身も完全主義者だが、それは父によってそう躾《しつ》けられたのである。兄と私は、毎金曜の夜へブライ語で祈禱書を朗読するよう命じられた。そして、ほとんど毎度のように読み違えたが、その時は罰せられることもなかったかわりに、ご褒美ももらえなかった。ご褒美が出たのは、文章を一語の誤りもなく読み切った時だけである。それは十ヘラーのお小遣いであったが、もらえるのはせいぜい年に数回であった。

私の父の人生観は、スパルタ的であったばかりでなく、ストイックでもあったと言えよう。その上、カンシャク持ちですらあった。カンシャクの発作の際には、私をぶっていたステッキや登山杖を折ってしまうこともあった。それでも、つねに私は父を正義の人と見ていた。それに父は、いつも私たちを外から守ってくれるという安心感を与えてくれた。

概して、どちらかと言えば、私は父に似ているようである。しかし母から受け継いだ性格と父からのそれとが、私の性格構造の中で葛藤を起こしているようである。いつか、インスブルック大学病院精神医学科の心理学者が私にロールシャッハ・テスト☆1をおこなったことがあるが、その時、彼は、一方の極端な合理性と他方の深い感情性とがこれほど大きな緊張状態をなしている例は他に見たことがない、と言った。前者の方はどうやら父から、後者の方は母から受け継いだものと思われる。

私の父は、当時オーストリア＝ハンガリー帝国の一部だった南モラビアの出身であった。貧しい製本工の息子であった彼は、飢えに耐えながら医学部の勉学を規定学期数終了まで修

☆1　スイスの精神科医ヘルマン・ロールシャッハによって創案された投影法人格検査のひとつ。左右対称形のインクのしみ（カログラフィー）十枚を被験者に見せて連想するものを列挙させ、次に図のどの部分を捉えたかなどについて質問する。

めながら、経済的な理由からその道を断念し、国家公務員になった。そして社会行政省に入省して部長にまで昇進した。テレージエンシュタットの収容所で餓死する前に、このかつての部長が空のゴミ箱からジャガイモの皮の残りを漁っているところを見つけられたことがあった。後に私自身もテレージエンシュタットからアウシュヴィッツ経由でカウフェリングに行き着いて、あまりの空腹に苦しんだとき、父の気持ちがわかった。私もそこで、ひと切れのニンジンを取るために凍りついた土を爪で掘り起こしたのだった。

しばらくの間、父はヨゼフ・マリア・フォン・ベルンライター大臣★5の個人秘書を務めていた。当時この大臣は行刑〔刑の執行〕改革やアメリカでの個人的経験を綴った本を書いていた。彼のボヘミアの邸宅や城で、以前十年間国会の速記者を務めた父が口述筆記で本の原稿を書きとった。ある時、食事に誘われても父が必ず断るので、気になった大臣はなぜかと問うた。父は、ユダヤ教に則った食事しかとらないのだと説明した。確かに第一次世界大戦までわが家ではそうしていたのだった。それ以来、ベルンライター大臣は御者に命じて毎日二回、近くの町までユダヤの掟にかなった食事を取りに行かせ、父はパンとバターとチーズだけの生活から解放されたのだった。

父が当時働いていた省内で、ある局長が会議の速記を父に命じた。父は、その日がユダヤ大祭日「ヨム＝キプル〔贖罪日〕」であることを理由に拒否した。その日は二十四時間断食し、祈禱し、もちろん仕事もしてはならないのである。局長は、懲罰委員会にかけると脅した。

それでも父はユダヤの祭日に働くことを拒否したため、実際に懲戒処分を受けることになった。

　このように父は確かに信心深い人ではあったけれども、他方ではかなり批判的な考えももっていた。へたをすれば、オーストリアでも最初のリベラル派ユダヤ人の中心人物か、はたまたアメリカで後に「改革派ユダヤ教」と呼ばれるようになった一派の代表になっていたかもしれないほどである。この点では、さきに父の〔宗教的〕信条について語ったことは多少縮小しなければならないが、それと同様に父の〔性格上の〕ストア主義について述べたことは拡大せねばならない。私たちがバウショヴィッツ駅からテレージエンシュタット収容所まで行進させられたとき、父は最後の所有物を大きな帽子箱に入れて背負っていた。人々は、パニック状態に近かったが、そんな人々に彼は何度も、「いつも明るくしていよう、神様がきっとお助けくださるだろう」と話しかけた。微笑みながらそう話しかけたのである。私の性格の由来については、そんなところである。

　ところで父の出所について一言すれば、その祖先はアルザス＝ロートリンゲン地方の出身のようだ。ナポレオンが進軍する途上、彼の近衛歩兵が父の生まれ故郷である南モラビア（ウィーンからブリュンに行く途中あたり）に駐屯していたころ、一人の近衛歩兵がある少

★5　一八四五年四月十二日プラハ生まれ。一九二五年九月十九日テープリッツで没。オーストリアの政治家。歴史的に価値の高い回顧録を残した。

女に近づき、ひとつの名前についてたずねたところ、彼女はそれは私の家族だと答えた。その家に宿を取った近衛歩兵は、自分がアルザス＝ロートリンゲン地方の出身で、家族から、その少女の家族の様子を確かめ、よろしく言い伝えるように、といいつかったことを語った。この少女の家族の祖先がこの地〔南モラビア〕に移り住んだのは一七六〇年ごろのようである。

私がテレージエンシュタット収容所に秘かに持ち込むことができた物の中に、モルヒネのアンプルがある。これを父に射ったのは、医師である私が、肺水腫の末期症状、すなわち死の直前の呼吸困難が目前に迫っていることがわかったときであった。父はその時すでに八十一歳で、半餓死の状態であった。それでも、生命のともしびが消えるまでに二度肺炎を起こした。

私は父にたずねた。「まだ痛みますか。」

「いや。」

「何か望みはありますか。」

「いや。」

「何か僕に言い残したいことはありますか。」

「いや。」

それから、私は父にキスをして、立ち去った。もう二度と生きて父に会うことがないのは、わかっていた。けれども、私は、それ以上は考えられないほど満足な気持ちであった。私がなすべきことは果たした、という思いからである。両親のためにウィーンに残り、今こうして死に行く父に付き添い、不要な死の苦しみを除いてあげたのだ。

母が喪に服しているとき、生前から父をよく知っていたチェコのラビ、フェルダが訪れた。私の目の前で、フェルダは、母にお悔やみを言い、父はツアディック、すなわち「正義の人」だったと告げた。私が子供のころ感じていたことは、やはり正しかったのだ。正義こそ父の特徴だったのである。彼の正義感は、しかし、神の義への信仰に基づいていたにちがいない。そうでなければ、父の口から何度も聞いた言葉を、彼が座右の銘にすることなど考えられないからだ。「神の御心のままに、私は耐える」。

幼少時代

出発点、つまり私の誕生に戻ろう。私は、ツェルニンガッセ六番で生まれた。もし私の記憶が正しければ、父はいつか、七番すなわち斜め向かいにしばらく個人心理学の創始者アルフレート・アドラー[☆2]が住んでいた、と話してくれたことがある。ウィーン第三学派ロゴセラピーの誕生の地は、それゆえ、ウィーン第二学派であるアドラーの個人心理学の誕生の地からさほど離れていなかったのである。

1945年以後の住居
（ウィーン、マリアンネンガッセ１番。
書斎は張り出し窓のところにある）

そこからほんの少し歩いて同じブロックの反対側のプラター通りまで行った所に、オーストリアの非公式の国歌と言われる「美しく青きドナウ」が作曲された家、つまりヨハン・シュトラウスの家がある。

ロゴセラピー[☆3]そのものは、私の生家で構想されたものである。けれども著書として執筆したのは、私がウィーンに帰還してからずっと住んでいる住居においてであった。そこの私の書斎には、半円形の張り出し窓《ハルプクライス》があり、そこで私の著書がかなりの陣痛のもとで口述筆記されたことから、分娩室に引っかけて、この部屋を半円の分娩室《ハルプクライスザール》と呼んでいた。

私はすでに三歳の時に医者になる決心をしたのだが、父はそれを好ましい思いで見ていてくれたようである。当時は船乗りや将校になることが皆のあこがれであったが、このあこがれが、医師になりたいという私の理想と何の無理もなく溶け合って、船医になりたいとか、軍医になりたいとか思っていた。しかし医師としての仕事だけでなく、研究活動にも早くから関心を持っていた。少なくとも当時そうだったと今思うのも、四歳の私は母にこう言っていたからだ。「僕知ってるよ、ママ、薬をどうやって発明したらいいか。死にたい人とか、病気の人とかに来てもらうんだ。そしていろんなものをあれこれ食べたり、飲んだりしてもらう。靴墨とか、灯油とかね。で、生き残った人がいたら、その人の病気に効く薬が見つかった、ってわけ」。私の批判者たちが、そんな私を実験的な試みに欠けると非難しているの

☆2　一八七〇―一九三七。個人心理学の創始者。器官劣等性などによる劣等感とその補償作用としての「力への意志」を重視した。また後年には、この自己中心的なあり方を克服するものとして「共同体感情」を強調した。

☆3　フランクルが創始した実存的精神療法。ロゴス（無意識のうちにひそむ精神性）を意識させることによって、人間の実存性（自由・責任）を呼び起こし、病者に人格的態度の転換を呼びかける。この転換によって自己超越と人生の意味充足が可能になる。逆説志向と脱反省がその主な技法である。詳細については『神経症』（1・2）（邦訳みすず書房）参照。

は残念である。

これも四歳の時であったと思う。ある晩、眠りに入る直前にはっと飛び起きたことがある。自分もいつかは死なねばならないと気づいたからである。しかし私を苦しめたのは、死への恐怖ではなく、むしろただひとつ、人生の無常さが人生の意味を無に帰してしまうのではないのか、という問いであった。そして、その問いに対する答え、わたしが最終的に到達できた答えは、さまざまな観点から見て、死こそが初めて人生を有意義なものにする、ということである。とりわけごく単純な理由から、人間存在の無常さのために人間存在の意味が損なわれることはないと言いうる。なぜなら、過去において取り戻しがたく失われたものはひとつもなく、むしろすべては失われることなく保存されているからである。それゆえ、過去存在という事実の中で、すべては無常さから守られ、救い取られているとすら言える。われわれが行為し創造するもの、われわれが体験し経験するもの、それらは過去存在という事実の中へ救い取られているのであり、何ものもまた何人《なんぴと》も、それらを世界から取り去ることは二度とできないのである。

腕白だった子供のころ、私は、心から望んでいた二つの夢が第一次世界大戦のために実現できなくなったことを悔しがった。ひとつはとてもボーイスカウトになりたかったことと、もうひとつはとても自転車がほしかったことである。その代わり、願うことすらおこがましいようなことがかなえられた。市立公園の遊び場に何百もの腕白小僧が集まっていたが、その中で知られたレスリングの大将を「ヘッドロック」で「やっつけた」ことである。

幼いころ、いつもひとつの短編小説を書きたいと思っていた。内容は、ある男が、紛失したメモ帳をいかに懸命に捜し求めるかというものである。ついにそれが手元に戻って来て、正直に届けてくれた人が問う、日程表にある変な記述は何かと。そして、それはメモ帳の持ち主が特別にいいことがあった日を「個人的祭日」として覚えておくためのキーワードだったことが明らかになる。例えば、七月九日には「ブリュン駅」とある。これは何を意味するのか。それは、ある年の七月九日のことだった。その男が二歳ぐらいの子供だったころ、数秒間両親が目を離したすきにブリュン駅のホームから線路に降りて、列車の車輪のすぐ前に座り込んだ。発車の合図があって初めて両親は子供の行方を捜し、何が起こったかに気づいた。父が息子を線路から引き離すや、列車は動き出した。運のいい人間もいるものだ！　有難いことに、私は運がよかった。その「子供」こそ実は、私自身だったからである。

子供のころの、外から守られているという安心感はもちろん哲学的熟慮や反省からではなく、むしろ自分の生活する環境から贈られたものである。私の場合、五歳のころの次のような思い出がそのよい例であろう。それは避暑地のハインフェルトにいたときのことである。ある晴れた朝に目覚めた私は、まだ目を閉じたまま、安心して、見守られ庇護されているという、言いようのない幸せと至福の感情に包まれていた。目を開けると、父がほほ笑みながら私をのぞき込んでいた。

私の性的成長についても少し述べておこう。まだ小さかったころ、ウィーンの森へ家族で遊びに出かけた際、兄と私はポルノ写真の絵葉書がいっぱい詰まった包みを見つけた。私たちは別にびっくりもしなかったが、母があわてて写真を奪い取るようにしたのが不思議だった。

後に、八歳のころだったと思うが、性的なことはすべて秘密のベールに包まれているような雰囲気があった。それは、小なまいきな、イカした若い女中のせいだった。彼女は、兄と私に、時には一緒に、時には別々に性的な相手をしてくれて、私たちは彼女の服をぬがして下半身を裸にすると、性器で遊んだりした。そのために彼女は床に寝そべって、私たちをそそのかした。そのさい彼女は後から繰り返し、両親に何も言ってはいけない、三人だけの秘密にしようと念を押した。

何年もの間、私はおびえていた。というのは、私が何かいたずらをしでかすと、つまり何か性的ではないいたずらをしでかすと、女中が人差し指を立てて、たしなめるように、こう言ったからだ。「ヴィッキー、いい子にしなさい。でないとママに秘密のこと話しますよ」。この一言だけで、私を無条件におとなしくさせるのに十分だった。しかしある日、母が彼女に尋ねているのを耳にした。「その秘密っていうのはいったい何なの」。女中は母に答えた。「いえ、別に大したことじゃないですよ、ジャムを盗み食いしただけです」。しかし、私の方から母にバラすのではないかという彼女の懸念は、まったく根拠のないものではなかった。

今でもはっきり覚えているが、ある日、父にこう言ったことがある。「ねえ、パパ、昨日マリーがプラターのメリーゴーランドに連れてってくれたなんて、僕、パパに言ってないよねえ」。こういうふうに言うことで、私は自分が秘密を守れることを証明しようとしたのである。まさか、「ねえ、パパ、昨日マリーの性器で遊んだなんて、僕、パパに言ってないよねえ」とでも言っていたらどうだっただろう。

遅かれ早かれ、性と結婚生活の関係ももちろんわかった。それは、性と生殖との関係が意識できるようになる以前であった。もう中学生くらいになっていたと思う。結婚したら、夜は寝ないで、もしくはなるべくすぐ寝ないで、ベッドを共にする楽しみを少しも逃さないようにしようと思った。そんな素晴らしいことを楽しまずに寝てしまうとは、何と人々は馬鹿なんだろう、僕は起きていて、楽しむぞ、と心に誓った。

別のポッテンシュタインでの避暑の時、両親と親しかったために、よく私たち子供と遊んでくれた女性教師がいた。彼女はいつも私に「思想家さん」と呼びかけた。おそらくたえず彼女に質問ばかりしていたからだろう。私はいつも、彼女から何か知ろう、もっと知ろうとしていた。もっとも私は、自分がこれまで本当に偉大な思想家であったとは思えない。ただ、最後まで考えぬく人間であったとは言えるかもしれない。

私は、若いころの数年間、ベッドで朝食（正確にいえばコーヒー）を取り、その後いつも数分はベッドの中で人生の意味について、特に自分にとっての人生の意味についてあれこれ考えた。これを思索と呼べるかどうかはわからないが、おそらくソクラテスのよき伝統の意味で自覚と呼ぶことはできるかもしれない。

ここで思い出すのは、テレージエンシュタット強制収容所での出来事である。あるプラハの大学講師が、同僚たちの知能指数をテストして、私の場合平均以上の指数が出た。その時、私はそれを大変悲しく思った。というのも、他の人がそんな指数なら立派なことを始められるだろうが、私にはそれを何かに生かすチャンスがなく、収容所で死に果てるしかないと思ったからである。

知能の話が出たついでに、次のこともつけ加えておこう。私は、自分がとっくに持っていたアイデアを他の人がずっと後で思いついたことに気づくと、いつも悦に入った気分になった。別にそのために嫌な気分になることもなかった。なぜなら、苦労して何かを出版することによって有名になったその人と同じことを、自分は別に苦もなく考えついていたのだと思ったからである。実際、たとえ私のアイデアで誰かがノーベル賞をもらうようなことがあったとしても、私には別にどうということもない。

理性……

完全主義者の私は、自分にあまりにも多くのことを求め過ぎる傾向がある。だからといってもちろん、自らの要求をいつも満たすことができるわけではない。しかし実際を見てみると、うまくおこなったときには、そこにある成功の鍵が隠されているように思われる。それで、何が成功の理由ですかと尋ねられたら、いつもこう答えることにしている。「私はある原則を立てています。つまり、どんな些細なことでも、重要なことと同じように徹底してやること、また、どんな重要なことでも、些細なことと同じように心を落ちつけてやるということです」。だから、ほんの短い議論に注釈をする場合には、しっかり練り上げ、メモも取る。しかし、数千人の前で講演をするときは、練り上げて、メモも取ったら、後は、十数人の前で議論の注釈をするときのように落ちついて講演をするのである。

そしてもうひとつ。私は、何ごともぎりぎりの期限ではなく、なるだけ早いうちにおこなうようにしている。そうすれば、仕事が多いうえに、まだやり残しているというプレッシャーまでかからなくて済むからである。さらに三つ目の原則は、すべてをなるだけ早くするだけではなく、好きなものより、嫌なものから先にすませることである。つまり、かたを付けるのである。もちろん、私とていつもこの原則や目標を守っていたわけではない。マリア・

テレージエン・シュレッセル病院やシュタインホーフ病院の若い医師であったころ、日曜にはヴァリエテ〔寄席〕にいって暇をつぶしていた。結構気に入っていたものの、なんだかいつも後ろめたさが残った。なぜなら、本当なら家で机に向かい、出版のために考えを紙に書いてまとめるべきだったからである。

強制収容所を体験してからは、それが変わった。それ以来、本の口述のために何度週末をつぶしたことか。時間を管理することを学んだのだ。そう、時間にケチになったと言ってもよい。しかしそれも、結局は本質的なことに十分な時間を割くためである。

しかしいま正直にいうと、自分の原則に背くことも多々ある。もちろんそんな時、それなりに自分に腹を立てる。そしていつもこう言うことにしている。あんまり腹が立つので、そんな自分には何日も口を利いてやらないぞ、と。

……そして、感情

前に私は合理主義者だと述べた。いわゆる「理知一点張りの人間」である。しかし、すでにほのめかしたように、私は「多感な人間」でもある。

第二次世界大戦中の、まだ私が強制収容所に入れられる前のことであった。当時、精神病患者の安楽死がおこなわれていたのだが、ある夜、私は、彼らへの深い同情のあまり、こんな心を動かす夢を見た。それは、安楽死の宣告を受けた人々がガス室の前に並んでおり、少し考えた末、私も自発的にその列に加わるという夢だった。これは、有名なポーランドの小児科医ヤーヌス・コルツァックの行動とよく似ている。彼は、彼になついていた孤児たちの後を追って、自らガス室に入ったのである。ただ、彼はそれを実行し、私は夢でそれをおこなったにすぎない。

私に言いうることは、ただ、彼の行動が自分には非常によくわかるということだけである。これで、私はあまり良い性格でないことがわかっていただけたと思うが、もしひとつだけ良いところがあるとすれば、それは、誰かが自分にいいことをしてくれたら、それを決して忘れず、いやなことをされた場合には後々まで尾を引かないことである。

私は自分の人生にどんな希望を抱いていたであろうか。思い出すのは、学生のころもっといろいろなものがほしいと思った。自分の車や自分の家、そして大学の私講師の職。車はやがて持てるようになったが、家までは手が回らなかった（もっとも娘とその家族には一軒買ってやったが）。私講師にもなれたし、それには員外教授の肩書までついていた。

それ以上何を望むことがあろうか。はっきり言うことができる。初登頂というのをやってみたかったのだ。その誘いを山仲間のルドルフ・ライフから受けたことがあったが、その時はシュタインホーフ病院の休暇が取れなかった。ちなみに、私を最も興奮させるものがこの世に三つある。ひとつは初登頂、もうひとつはカジノの遊び、そして脳手術である。

これまで述べてきたように、恥辱もたいていは乗り越えてきた。処世術にたけた素質が幸いしたのかもしれない。私はいつも、次のような自分の信条を他の人たちにもすすめてきた。――「もし何かひどい目に遭ったら、ひざまずき（もちろん頭の中で）、そして、将来これ以上ひどいことが起こりませんように、と願うのだ」。

序列というものは、価値あるものにあるだけでなく、無価値なものにもあるものだ。そういう時こそ、これを思い出してほしい。テレージエンシュタット収容所の便所の壁に、こんな落書きがしてあるのを見たことがある。「万事を放擲して、そのつどのクソに喜びを覚えよ」。すなわち、どんなことであっても、そこにいいことを見るのだ。少なくとも世渡り上手になろうと思うならそうするしかない。

しかし、前述の祈りのように、将来何も起こらず無事に過ごすことも重要であるが、それだけでなく、過去に何も起こらず無事に済んだことも重要である。誰もが、そういう幸運に対して感謝せねばならず、前述のメモ帳をなくした男のように、それをいつも思い出して、記念日としてお祝いするべきなのである。

ところで、私はもうひとつ短編を書こうと思ったことがある。それはまだずっと若い十三か十四のころである。話の内容はこういうものであった。ある男が薬を発明した。これを飲んだものはひどく頭がよくなる。製薬業界がこれに飛びつき、その発明家を捜し回った。しかし、彼は見つからない。なぜなら、自らこの薬を飲んで頭のよくなった彼は、いわば自己省察のために人里離れた原生林に身を隠したからである。つまり、彼は賢明となり、彼の発明が商業的搾取の対象になるなどごめんだったからだ。
この短編は実際に書くには至らなかった。その代わり二つの詩を作ったことを今も覚えている。十五歳のころだったと思う。そのひとつは次のようなものである。

存在といのちにて
わが夢、成りき
かの二つの星の、空間に漂うを
われは見し
互いにひとつになりたくも
想いは、悩みとなりて
まぼろしに！
そは徐々に小さくなりにし
されど、はるかに、われは見し
二つの星の
ひとつになりしを

次の二つ目の詩は、インドの形而上学にして神秘主義である『ヴェーダーンタ』★6からの引用であるなどと、うそぶいて読んだものである。それはこんな風であった。

わが精神は、みずから呪縛を解けり
闘いながら空間と時間を盗み取り
無限なる永遠のなかに静まりゆき
永遠なる無限のなかにあふれ出《いで》ぬ
そしてすべてを包括する一者として
なべての存在の源に沈みぬ

ところで、たとえ文才があまりなくても、その人の意識が活発に働いてさえいれば、それなりの効果があるものである。例えば、博士号取得のための病理学の口述試験の時、次のようなことがあった。マーレッシュ教授から「胃潰瘍はどのようにして発生するか」と尋ねられて、私は、授業ノートにあった理論のひとつを思い出して答えた。すると教授は言った。

「結構。しかしもうひとつ別の理論があるね。知っていますか?」

私は、「はい、もちろんです」と言って、もうひとつの理論を述べた。

「それで、それは誰の理論だったかな?」と彼は知りたがった。

私は困って、口ごもっていると、そこへ教授が助け舟を出して誰か有名な人の名前を出した。

「そうでした」私は言った。「そんなことを忘れるなんて。」

実際には、その理論は、試験で切羽詰まった私が思いつきで言った、今まで聞いたこともないような理論だったのである。

ユーモアについて

ユーモアに満ちた批評が、時として駄洒落によって表現されることがある。有名なロッククライマーで、私の長年の登山仲間であったルドルフ・ライフは、第二次世界大戦前はドナウランド山岳会のリーダーだった。彼や私が仲間たちと一緒に登山に出かけると、彼は決まって精神科医の私を、キ印ドクターと呼んだ。当時私は、「アム・シュタインホーフ」[☆4]病院の医師をしていたのである。いずれにしろ、彼は私をドクターとは呼ばず、いつもキ印ドクターと呼んでいた。とうとうある日、私は、堪忍袋の緒が切れて、仲間たちの前でこう言っ

★6　インド哲学の六大古典体系〔いわゆる六派哲学〕のひとつ。本来はヴェーダ〔宗教聖典〕の最後に載っているウパニシャッド〔奥義書〕の名前であった。

☆4　ウィーンの有名な精神病院。

た。「いいですか、ライフさん。私をこれからもキ印ドクターと呼び続けるのなら、わかりますか、私はあなたをシュタインホーフ・ライフと呼びますよ」。

前述のとおり、彼の名はライフである。そしてウィーンでは、気がおかしくなった人のことを、精神病院に入院させるのにライフだ（熟している）という意味から、「シュタインホーフ・ライフ」と呼んでいたのである。それ以来、彼は私をいつもドクターと呼ぶようになった。

駄洒落は、しばしば造語、すなわち新しい言葉の創作になることがある。第二次世界大戦直後、私はある文学を志すサークルに招かれたことがある。その時ある人が自分の新作を披露したのだが、それを聞いた私の従兄弟のレオ・コルテン（彼はもう亡くなってしまったが、ロンドンのBBCに勤めていた）が私にささやいた。「カフカだね」。彼が言いたかったのは、それがカフカの亜流によるカフカ風模作だということだった。私はささやき返した。「ウン、こりゃネスカフカだ[☆5]」。

一九六一年、私がハーバード大学で客員教授をしていたとき、あまりの暑さで、講堂のドアを開けっ放しにしていたことがあった。すると講義の真っ最中に犬が一匹迷い込んできて、数秒間まわりを見回してから、またトコトコ出て行った。私も含めて、みんなの目は犬に集まっていた。一同、あんまりアッケに取られて、笑う暇すらなかった。そこで私は口火を切った。「これぞ、ドゴセラピー（dogotherapy）と呼びたいですね」。それまでしていた講義は、ロゴセラピー（logotherapy）についてであった。

信じてもらえないかもしれないが、強制収容所においてすら、時おり駄洒落やユーモラスな造語が生まれることがあった。テレージエンシュタットでは、五、六人の他の医師たちとともに長屋の小さな部屋に押し込められていたのだが、その自分の部屋に入るには別の部屋を通り抜けねばならなかった。通り道の部屋は暗かったが、私が自分の部屋の扉を開くと、その部屋に明かりが差し込んで、相部屋の男が、彼女とベッドにいるのが見えた。彼はプラハの放射線医で、少しばつが悪そうであった。私は言った。「これは失礼、ご同僚。添い起こしてしまいましたね」。

後で、彼はわたしに平手打ちを食らわした。そんな理不尽なことがあろうか。たとえ、彼が彼女と添い寝したと想像したとしても、それが名誉棄損になるのだろうか。

もうひとつのおもしろい造語は、まったくまともである。まだ自分の車をもっていなかったころ、私はいつもこう言っていた。「ご存じですか、私はいつも他動車（Heteromobil）で移動します。すなわち自動車（Automobil）ではなくて、誰か他の人の車に一緒に乗せてもらうのです[☆6]」。

場合によっては、造語せずに洒落を言うこともできる。例えば、もう一杯お茶を、と勧め

☆5　インスタント・コーヒのネスカフェにかけたものと思われる。
☆6　Autoは「自らの」、Heteroは「他の」の意。

られて断るときに、こう言うのである。「ご存じですか、私はモノテーイスト（Monotheist）なんですよ。お茶は一杯しかいただきません」[☆7]。

もちろん、一語だけではなく、言葉の組み合わせを洒落に使うこともできる。知人の一人に、ヒトラーとナチズムへのプロテスト〔抵抗〕からカトリックに入信し、とうとう聖職者にまでなった人物がいる。彼が言うには、カトリック信仰はナチズムに負けず劣らず全体主義的である、そのことがやっとわかった、と。つけ加えると、彼は神学部へ入学するために、まずカトリック教会に改宗し、洗礼を受けたのである。いずれにしろ、私は最後に同情を込めてこう言った。「あなたのおっしゃりたいことを一言で言えば、『土砂降りを逃れて洗礼にあう』ということですね」[☆8]。

ユーモラスな表現は、ご存じのとおり、講演を軽やかにするとともに、引き続きおこなわれる議論において反論者の立場を困難にする効果がある。グラーツでおこなわれたいわゆる「シュタイヤーマルクの秋」[★7]のオープニング講演で、私が医学についてだけでなく、哲学についても話す資格があることを匂わせようと思ったのであるが、その際、私は、自分が医学博士であるとともに哲学博士でもあるという事実を、控えめに次のように言ったのである。

「ご存じですか、紳士淑女の皆様。私は医学博士だけではなく、哲学博士なのですよ。しかしこのことは普段はあまり言わないことにしています。私はウィーンの同僚たちをよく知っていますからね。フランクルは、二重に博士号をもっている、なんて言ってくれる人は一人もなくて、あいつは半分医者だと言われるのが落ちですからね。」

議論について言えば、いつかミュンヘンの芸術アカデミーでおこなった講演の後で、ある若者が次のように挑発——攻撃とは言わないまでも——してきた。「フランクルさん、あなたは性についてお話しになったが、一日中セミナー室にすわって、講義に追われている教授に、健全で自然な性生活を送ったり、それどころかそれに対して深い理解を持ったりすることが一体できるんでしょうかねえ」。

「ご存じですか、ねえ君」私は答えて言った。「あなたの発言を聞いていると、ウィーンの古い洒落を思い出しましたよ。あるパン屋の親方に会った男が、親方には子供が十人いると聞いて、こう尋ねた。『一体あなたは、いつパンを焼くのか』」。聴衆は笑った。

私は、話を続けた。「私にはあなたがこの男と同じように思えます。昼間、学問に従事している者は、夜普通の性生活を送れないとでもおっしゃるんですか」。もう、聴衆の笑いは私のものだった。

別の機会には、こういうことがあった。これも議論の際だったが、他の人にばつの悪い思

☆7　普通は「一神論者」という意味だが、ここではモノ＝ひとつ・テー＝お茶（Tee）・イスト＝主義者と引っかけている。

☆8　vom Regen in die Taufe. 洗礼では頭上に水をそそぐ。これは、vom Regen in die Traufe（小難を逃れて大難にあう）に引っかけている。

★7　展覧会等をともなった文化フェスティバル。

いをさせるのではなく、私自身をそういった状況から救わねばならない羽目に陥ったのである。アメリカのある小さな大学町の神学部で講演した後、有名な神学者パウル・ティリッヒ★8の「神の上の神」の概念についてどう思うかと尋ねられた。私はこの概念のことは何も知らなかった。だが、私は落ち着いてこう答えた。「神の上の神の質問に答えるとすれば、私は自分をティリッヒの上のティリッヒだと見なしたことになるでしょう」と。

　言葉遊びが高じてくると、ほとんど謎々となる。いつか自分で作った謎かけが、新聞に載ったことがある。それは、次のようなものであった。「彼を私と一緒にすると、男の子の名前になる。それは何でしょうか」。答えのわかった人は今まで二人しかいない。その答えは、ERICH。どうしてか。「彼を（ihn）」を、ここでは〔文法的に〕er とは言えないし、また「私と（mir）」を、ここでは ich とは言えない。しかし両方の主格（er と ich）を「一緒にすると」男の子の名前になるのである。

　ところで、私は自分で洒落を言うだけではなく、そもそも洒落そのものが好きなのである。長い間、洒落の形而上学、洒落の形而上学的基礎について本を書こうかという思いを暖めていたほどである。私の知る最高の洒落話は、ユダヤ人が多く住んでいるポーランドのある町にやって来た男の話である。その男は、売春宿に行こうとしたのだが、その場所を気軽に尋ねるわけにもいかず、長衣《カフタン》を着た年老いたユダヤ人にこう問うた。

「あんたたちの先生《ラビ》☆9は、どこに住んでるんだ。」

答えは、こうだった。「そこの、緑の家だ。」

「何?!」売春宿を探す男は、あたかも驚いたように言った。

「あの高名なラビの某が、女郎屋に住んでいるというのか?」

すると、その老人は言った。「何と、めっそうもないことを。女郎屋は、その向こうの赤い家じゃないか。」

「いや、どうもありがとう。」

探していた男は話を終わりにして、売春宿に向かった。


われわれ医師が患者と話をするとき、ある程度断定的な聞き方をした方がよい場合もある。私は、まだ若い勤務医だったころ、女性に既往歴を尋ねる際に、決して「流産したことはありますか」と聞いてはならないことに気づいた。代わりにこう聞くべきなのである。「何度流産したことがありますか」と。

同じように、男性に「梅毒にかかったことはありますか」と決して聞いてはならない。そ

★8 一八八六年八月二十日シュタルツエッテル(グルーベン郡)生まれ。一九六五年十月二十二日シカゴで没。ドイツ出身のアメリカ人プロテスタント神学者。代表作『組織神学』で包括的な神学と哲学の統合をなす。
☆9 ユダヤ教の教師。またはその人に対する敬称。

うではなくて、「何度サルバルサン〔梅毒治療薬〕の処方を受けましたか」と、聞かなくてはならない。

また分裂病患者に対しても、「声が聞こえますか」とは問わず、「声が何を言っていますか」と聞かなくてはならない。

次にあげる洒落話は、きわめて巧みに心身医学を皮肉っている。ある人が、頭痛、頭部の鬱血、ひどい耳なりのために、精神分析医に診てもらうよう指示された。精神分析医のところに向かう途中、ワイシャツ屋の前を通りかかった。彼は新しいワイシャツがいることを思い出して、その店に入った。そして、あるデザインのシャツを注文した。

「首回りは？」店員が聞いた。

「四十二」彼は答えた。

「いや、四十三がいると思いますよ。悪いことは言いませんから。」

「四十二をくれ。つべこべ言うな。」

「わかりました。でも、そのうち頭痛がして、頭が鬱血し、耳なりがしてくるかも知れませんよ。」

薬物精神医学も、洒落でうまく説明することができる。あるＳＳ〔ナチス親衛隊〕の将校が汽車の中でユダヤ人の向かいにすわっていた。ユダヤ人は包みからニシンを取り出して食べ、それから残った頭をもう一度しまい込んだ。

「なんでそんなことをするんだ」とSSの将校は尋ねた。

「頭には脳みそがある。これを持って帰って、うちの子供たちに食べさせれば、頭がよくなるだろうと思ってね。」

「わしに、そのニシンの頭を売ってはくれんか。」

「まあ、いいだろう。」

「いくらだ?」

「一マルクだ。」

「よし、一マルク」そして、そのSSの将校は頭を食べてしまった。

五分後、彼は怒り出した。「この豚ユダヤ人野郎め。ニシン一匹十ペニッヒだっていうのに、よくも頭を一マルクで売りやがったな。」

そこで、ユダヤ人は平然と言った。「おわかりかな。そろそろ効いてきたようじゃや。」

因果的な症状の治療と単純な症状のそれの違いも、洒落でうまく説明ができる。避暑に出かけていたある男が、毎朝ニワトリに起こされて困っていた。ニワトリが非常に朝早くから鳴き始めるからである。そこで、その男は薬局に行って睡眠薬をもらい、ニワトリの餌に混ぜたのである。これぞ因果的療法である!

趣味

性格とか人格が話題になったり、それらがどういうところに表れるかということが話題になる場合には、いつも趣味のことが取り上げられる。ここで前もって述べておけば、私の場合、コーヒーが非常に大きな意味を持っている。だから、講演旅行の際にいつもカフェインの錠剤を携帯しているのも、万一講演の前に濃いコーヒーが飲めないときに備えてのことなのである。そういえば、ある日、講演のためにグムンデンの近くのザルツカンマーグートに着いたときのことだった。講演の直前に私はカフェーに入って、ウィーンで言う「カプチーナー」を注文した。色の濃い、強いコーヒーで、その濃い茶色はカプチン派の僧侶の修道服ほど濃いというわけである。しかしボーイが持ってきたのは、ウィーンで「グシュラーダー」と呼んでいる、非常に薄く、水っぽいコーヒーだった。私はカフェインの錠剤を飲むために、急いでホテルに戻った。だが、そこのロビーで私を呼び止める者があった。誰あろう、カプチーナー、本物のカプチン派の僧侶であった。彼は、私のサインを求めて修道院の図書館から数冊の私の著書を持ち出してきていたのだった。

ロッククライミングは、八十歳になるまで私の情熱の対象だった。ユダヤ人識別用の星をつけていたために一年間山に行けなかったときは、山登りの夢を見るほどだった。その後、親友のフーベルト・グシュアに説得され、思い切って星をつけずにホーエ・ヴァントへ行ったとき、岩を登りながら（われわれはカンゼルグラートのコースを選んでいた）文字通り、岩に口づけせずにはいられなかった。

　ロッククライミングは、たとえ年をとって力が衰えても、それまでに培った登山経験と巧妙なテクニックによって年をカバーできるただひとつのスポーツであると言えるだろう。いずれにせよ、私が岩壁をよじ登っていた時間は、私が次の書物を書いたり次の講演の準備に携わっていない唯一の時間であった。それは決して誇張ではなく、ホアン・バティスタ・トレロ★9がかつてオーストリア大学新聞に書いたように、私が拝受した二十七の名誉博士号よりも、アルプスの二つの登山路が初登頂者にちなんで「フランクル登山路《シュタイゲ》」と名付けられたことの方が、私にとって大きな意味があるのではないかと感じるほどなのである。

　さきに述べたように、最も私の心を躍らせるものは、ルーレットと脳手術と初登頂である。それに加えて最も幸福感を覚えるのは、町では出版が完了したり原稿を発送したとき、山ではちょうど美しい岩壁を登り、その夜を親しい友人とともに気楽な山小屋でくつろいで過ごすことである。それと同時に、私がラックス山頂の平坦地★10のような人けのない所へ行くのは

★9　ウィーン在住の精神科医、カトリック神父。
★10　北カルクアルプスにある台形状の山塊。ここの稜線がシュタイヤーマルク州とニーダーエースタライヒ州の境界線になっている。

ヨセミテ渓谷を登る

登山仲間のルディ・ライフと

（他の人が荒野に行くように）、静かに散策しながら自分の考えをまとめるためである。重要な決意や決定的な決断は、おそらくほとんどそんな山頂の静かな散策の時に下したものである。

しかし、私が登ったのはアルプスだけではない。ホーエ・タトラ山〔チェコ＝ポーランド国境〕は、難度4くらいもあるような非常に難しい尾根で、その時は妻のエリーも一緒だった。また南アフリカでは、シュテレンボッシュ大学の記念式典で祝賀講演をおこなった際、ケープタウンのテーブル・マウンテンにも登った。その時の案内役は、南アフリカ・ロッククライミング・クラブの会長であった。さらに、エリーと私は、偶然、アメリカのヨセミテ渓谷で、当時オープンしたばかりのロッククライミング・スクールの最初の受講者となった。

私の友人たちは、私のロッククライミングにかける情熱が、私の一九三八年の最初の著作で提起した「高層心理学」への関心と関連していると確信している。私が六十七歳にもなって、飛行機の操縦レッスンを受けたことがその証拠だ、というわけである。そして、わずか数ヵ月後、私は初めての単独飛行をおこなうことになった。

その他のあまり真剣ではない趣味についても、手短に述べておこう。例えば私は、ネクタイに非常に大きな関心を持っている。ネクタイにプラトニックにほれ込むこともある。つまり、陳列窓に飾られているネクタイを見るだけで、それを賛美するほどである。たとえそれが、私のものでなくても、また、私のものになりえないとわかっていてもそうである。

趣味というのは、生半可を卒業して、アマチュアにまで成長することもある。私がアマチュアになったと言えるのは、メガネのフレームのデザインである。世界でも最大手のメガネ専門メーカーのひとつが、大量生産を始める前にそのデザインについて私の意見を求めてきたことがあるくらいである。私に鑑定せよというわけである。

カリフォルニアで飛行機を操縦する

生半可といえば、私は専門ではないものにも、いつも勇気を持って挑むことにしている。私の作曲したある哀歌《エレジー》は、専門家の編曲によってオーケストラで演奏されたことがあるし、またタンゴはテレビ放送の中で使われたこともある。

数十年前、オスロから車で一時間のところにあるヴィッケルスントの精神病院に招かれたことがあった。そこの医長が数日にわたるロゴセラピーのシンポジウムを開いたのである。

「どなたか、私の基調講演の前に、導入の挨拶をしてくださるんですか」と私は尋ねた。

「ええ」と彼は言う。

「どなたですか。」

「オスロ大学の精神医学の新しい正教授です。」

「私のことをその方は知っているのかな。」

「知ってるどころか、大の崇拝者ですよ。彼によれば、もうずっと前からの。」

彼に以前会ったという記憶はまったくなかったので、興味がわいた。すると、本人が現れ、まさしく、前から私のことを知っており、尊敬していると言った。彼は、私の父の生まれた南モラビアの小都市、ポールリッツの寺守り《シャメ》一家のたくさんいた子供の一人だったのである。

第一次世界大戦後のひどく困窮した時期、私の一家はそこで夏を過ごした。兄は、素人演劇の上演の組織作りに抜群の才能を発揮した。上演はそれぞれ農家の中庭の、樽を並べてしつらえられた舞台でおこなわれた。団員は十三、十四、十五歳の男女から成っていて、その中に私もいた。私は、禿げ頭のかつらを被って老医師シュティーグリッツの役を演じたり、またネストロイ作の『ルンパツィバガブンドゥス』☆10のクニーリームの役を演じた。ポールリッツのシャメの息子、つまりオスロ大学の世界的に有名な精神医学の正教授であるアイティンガー教授は、そのころはまだ小さな少年で、たしか私より数歳下だったように思う。その少年がクニーリームにいたく感銘を受け、何十年もの間、私の崇拝者でい続けたのである。ロゴセラピーのことは、彼はほとんど何も知らなかった。あのヴィクトール・フランクルと彼の演じたクニーリームだけが、ずっと彼の記憶にあったのである。

かつて私は真剣にひとつの戯曲を書いたことがある。この戯曲については、私の強制収容所体験記録★11の新版である『それでも人生にイエスと言う』の序文の中で、ハンス・ヴァイグルが詳しく紹介している。私の強制収容所体験については後で詳しく述べるつもりであるが、この関連で言及しておきたいのは、この私の体験記録そのものが戯曲に書き直されたことで

☆10 「ウィーンのアリストファネス」と呼ばれたオーストリアの劇作ヨハン・ネポムーク・ネストロイの風刺劇（一八八三年）。正確には『悪魔ルンパツィバガブンドゥス』。

★11 この記録〔霜山徳爾訳『夜と霧』みすず書房、一九六一年〕は当初『一心理学者の強制収容所体験』とのタイトルで Jugend & Volk 出版より一九四五年にウィーンで発行された。再版を重ね、二十二ヵ国語に翻訳される。アメリカ版だけでおよそ九〇〇万部販売された。〔なお『一心理学者の強制収容所体験』が『それでも人生にイエスと言う』という書名でドイツで再版されたのは一九八六年のことで、これと一九四六年初版の同名の書（山田邦男・松田美佳訳『それでも人生にイエスと言う』春秋社、一九九三年）とはまったく別物である。〕

ある。書いたのはオーストラリアのカトリック神父である。この戯曲のひとつの幕が、私の講演のいわば前座としてトロントで初演された。それは、市内で最も大きい劇場、トロント劇場でおこなわれたものである。この劇の中でヴィクトール・フランクルは二度登場する。一度は強制収容所囚人として、そしてもう一度は解説者として。そして三人目のヴィクトール・フランクルは、そのホールにいたこの私自身だった。

学校生活

第一次世界大戦が起こり、国家公務員は経済的に最悪の状態に置かれることになった。私たちはもはや避暑に行くこともできず、父の実家のあったポールリッツ（南モラビア）で夏を過ごすことになった。私ら子供たちは、農家へパンをせびりに行き、そして、畑に出てトウモロコシを盗んだ。

ウィーンでは夜中の三時からジャガイモを求めてウィーン市場の列に並んだ。朝の七時半に母が私と交替してくれ、それから学校へむかった。それも冬のことだった。

その後、二つの大戦の間の慌ただしい混乱期が訪れた。その時期、私はヴィルヘルム・オストヴァルト[★12]やグスタフ・テオドール・フェヒナー[★13]といった自然哲学者たちの作品に夢中になった。しかし、私が数冊のノート一杯に「われわれと世界のプロセス」というかなり高尚な題の作文を書いたのは、私がまだフェヒナーの本を読んでいなかったときのことである。私は、大宇宙にも小宇宙にも普遍的な「調整原理」が支配している、と確信していたのである（私の『医師による魂の癒し』[☆11]はこの考え方を再び取り上げたものである）。

その後、再び避暑でエファーディングに出かけられるようになって、蒸気船でドナウ川を遡《さかのぼ》っていたある日、真夜中にデッキに横たわって「わが上なる星の輝く空」と「わが内なる」調整原理を（カントよろしく）眺めていたとき、私は「ああ、そうか」とひざを打つ「アハー体験」[☆12]をした。涅槃とは、「内側から見られた」熱死[☆13]なのだ、と。

後にフェヒナーの「昼の見方と夜の見方」がどんなに強い印象を私に与えたか、ご理解い

★12　一八五三年九月二日リーガ生まれ。一九三二年四月四日ライプツィッヒで没。ドイツの自然科学者、哲学者。

★13　一八〇一年生まれ。一八八七年ライプツィッヒで没。実験心理学の主唱者。

☆11　邦訳『人間とは何か』山田邦男監訳、春秋社、二〇一一年。

☆12　「ああそうだったか体験」とも言う。ドイツの心理学者カール・ビューラー（一八七九―一九六三）は、幼児の遊びの動機づけにはこの洞察体験があるとし、人間心理の発達の基礎的な要素であるとした。また精神医学では、分析医のおこなう解釈が引き金になって、患者が「ああそうだったか」という感情的安堵と多幸感にも似た安心感を体験する場合に、この言葉を用いる。

☆13　Wärmetod “von innen gesehen”.「熱死」とは全エネルギーが熱に転換された宇宙の終末状態を指す。

ただけるだろう。それとともに、もっと後にジークムント・フロイト★14の『快感原則の彼岸☆14』がどんなに魅惑的な影響を私に与えたかもご理解いただけるだろう。その時、私がいつか精神分析と対決することになるとは、誰が予想したであろうか。

まだ中等学校の低学年だったころ、私は優等生だった。しかしそのころから自分自身の道を歩むようになった。私は応用心理学を勉強しようと国民大学へ出入りし、また実験心理学にも興味をもつようになった。学校では発表練習の機会を利用して、実験を伴った発表をおこなった。その中にはヴェラグートの心理通電反射現象などの実演もあって、同級生の一人をだしに使った。いくつかのキーワードの後、彼のガールフレンドの名前を言うと、検流計の針が大きく振れ、物理教室の黒板の幅一杯にその名が浮かび上がった。当時そういう場面では赤面したものだが、幸い教室は暗くしてあった。

★14　一八五六年五月六日フライベルク（モラビア）生まれ。一九三九年九月二十三日ロンドンで没。精神分析学の創始者。

☆14　フロイトは『快感原則の彼岸』において次のように述べている。「快感原則は、フェヒナーが快・不快の感覚を関連づけた『安定への傾向』の原則の特殊例として、それに従属するものであることがわかる」、「快感原則においてうかがわれる涅槃原則が、死の本能の存在を信ずる最も有力な動機のひとつである」。

II　精神医学への道

医学生時代（一九二九年）

ジークムント・フロイト

エドゥアルト・ヒッチュマン(上)とパウル・シルダー

アルフレート・アドラー（1934年）

オットー・ペッツル
(1928〜1945年、ウィーン大学神経学・
精神医学病院の院長)

シャルロッテ・ビューラー

1930年、ウィーンのアム・ローゼンヒューゲル病院前で
(「成績表相談」を提唱したときの初めての新聞用写真)

精神分析との対決

こうした発表練習や作文は、しかし、次第に精神分析に関する論文の様相を呈して来た。同級生たちは、私から、この分野に関する知識をますます多く得ることになった。だから、論理学の先生が、ある日、授業中に言いまちがいをして、類概念（Gattungsbegriffe）の代わりに「性交の仕方（Begattungsgriffe）」と言ってしまったとき、先生の無意識のうちに何が生じていたかが生徒たちにはわかっていたのである。

そのころの私自身の知識は、フロイトの主要な直弟子であるエドゥアルト・ヒッチュマン[★15]やパウル・シルダー[★16]から得たものであった。特にシルダーは、大学病院精神医学科のヴァーグナー・ヤウレック[★17]のもとで講義をおこなっていて、私は何年もその講義を聴きに通ったのである。

★15　一八七一年七月二十八日ウィーン生まれ。一九五七年七月三十一日グロースター（アメリカ合衆国）で没。オーストリアの医学者、精神分析家。国際精神分析ジャーナルの共同編集者。

★16　一八八六年二月十五日ウィーン生まれ。一九四〇年十二月七日ニューヨークで没。オーストリアの医学者、精神分析家。精神分析学をアメリカ精神医学界に紹介した。

★17　一八五七年三月七日ヴェルス生まれ。一九四〇年九月二十七日ウィーンで没。オーストリアの精神医学者。精神病における感染療法で、ノーベル医学賞受賞（一九二七年）。

まもなく、ジークムント・フロイトと手紙のやり取りをするようになった。私は、いろいろな分野の読書から気がついたことで、彼の興味を引くのではないかと思われるようなものをまとめて彼に送った。どの手紙にもすぐに彼から返事が来た。

この手紙のやり取りは中等学校卒業後の時期ずっと続いていたのだが、残念なことに彼からの手紙やはがきはすべて、数十年後に強制収容所へ入れられた際、ゲシュタポに押収されてしまった。私が大学病院の精神医学科に勤めるようになって、病院の史料室から贈られた若きフロイト直筆の症例集も、その時一緒に押収されてしまったのである。

ある日、私はいつものようにプラター公園の大並木道のベンチに座っていた。ここは当時私のお気に入りの勉強部屋だったのである。その日も「しぐさによる肯定と否定の成り立ちについて」気づいたことを紙に書きとめていた。そしてこの手書きの原稿をフロイト宛の手紙に添えた。フロイトからの返事に、これを『国際精神分析ジャーナル』に送ったが、異存のないことを望む、と書かれてあったのには、かなり驚いた。

数年後の一九二四年に、この原稿はその雑誌に掲載された。私の書いたもので最初に公になったものは、それより早い一九二三年の、日刊新聞の青年向け折り込みであった。これには、よりにもよって、「健全な常識ほどこのかけ出しの精神科医が憎むものはない」、というコメントつきで発表されるという皮肉なおまけまでついていた。(もちろん私が言いたかったのは、伝統的な考え方をよく吟味せずに鵜呑みにすることへの批判だったのである。)

私をよく知る人なら、たとえ私がフロイトに対立するような考えを抱いたとしても、彼に対して相応の敬意を払わずにはいられない人間だということをわかってくれるであろう。例えば次のような事実が、それを証明してくれるのではないだろうか。私が在オーストリア・ヘブライ系エルサレム大学援助協会の副会長をしていたとき、理事会で学舎の建設費寄付とその建物の命名を審議したことがあるが、その際、私は「ジークムント・フロイト・ホール」と命名するよう提案したのである。

ところで、フロイトとは、手紙の交換だけではなく、一度偶然に出会ったことがある。その時、私はもう高校生ではなく、医学生になっていた。彼に自分の名前を告げると、彼は私にすぐさま聞いた。「ヴィクトール・フランクル。ウィーン第二区、ツェルニンガッセ六番、二十五号、だったね。」

「そのとおりです」と私は答えた。どうやら何年も私と手紙の交換をしている間に、彼は私の住所を覚えてしまったようだった。

出会いはまったくの偶然だった――そしてそれは遅すぎた。すでに私はアルフレート・アドラーの影響下にあり、アドラーは私の二つ目の学術論文を『国際個人心理学ジャーナル』に発表することを決定していた（これは一九二五年に公刊された）。フロイトが私に与えた印象については、――アドラーのそれとはあまりにも対照的であったこともあるが――言及するには及ばないであろう。ニューヨークのフロイト文庫を管理しているクルト・アイスラー[★18]が、かつてウィーンに来て私を訪問した際、フロイトとのこの出会いについて私の記憶を詳細にテープに録音して帰り、文庫に加えている。

希望の職業——精神医学

医者になりたいという私の幼いころの職業の夢が、精神分析の影響によって精神科医になりたいという希望にまとまってきたのは中学生のころであった。

もちろん、その後も時として、皮膚科や産婦人科に思いが移ることもあった。しかしある日、友人の医学生W・エスターライヒャー（彼は後にアムステルダムに腰を落ち着けた）が、「君はまだゼーレン・キルケゴール[☆15]のことを聞いたことはないのか」と私に尋ねた。私が精神医学以外のさまざまな分野にも色気を出していたことに対しては、まさにキルケゴールの「自分自身であろうとすることに絶望するな」という戒めこそがふさわしい、君は精神医学の才能があるのだから、素直にそれを認めよ、と言うのであった。

私たちの人生における決定的な転機が、他人のふと洩らした言葉によって訪れることがあるというのは何と信じがたいことであろうか。いずれにしろ、私はその時から、「精神医学的自己実現」からもう逃げまいと固く決心したのである。

しかし、本当に私は精神医学の才能があるのだろうか、と自問した。ひとつだけ私にわかっているのは、もしそうであれば、その才能は別の才能と、すなわち風刺画の才能とつながっているということである。

風刺画家は、精神科医と同じく、まず人の弱みを認識する。ただ、精神科医もしくは少なくとも精神療法家は、事実としての弱みを超えて、その弱みを自由意志によって克服する可能性を直観的に知ることができるのであり、状況をただ嘆き悲しむことを超えて、その状況から意味を闘い取り、かくして一見無意味に思われる苦悩を真の人間的な業績に変える可能性を見いだすことができるのである。そのような意味可能性をまったく持たないような状況は存在するはずがない、というのが私の基本的信念である。まさに、この信念の本質的な部分が、ロゴセラピーによって主題化され、体系化されているのである。

もっとも、精神医学的欲求がなければ、精神医学的才能があっても何の役に立とうか。精神科医になる能力だけでなく、どんな動機から精神科医になりたいのかも問われるべきである。精神の未熟な者にとって、他者を支配し操縦するような、他者に対する権力の獲得は魅力的であろうと思われる。知識は権力である。他の人は自覚せず、その人だけが非常によく

★18　一九〇八年ウィーン生まれ。オーストリアの心理学者、哲学者。ニューヨークのジークムント・フロイト文庫の創設者。主著『ゲーテの精神分析学的研究』（一九八三年）。

☆15　一八一三―五五。デンマークの哲学者。実存哲学の祖ともいわれる。『死に至る病』などがある。

自覚しているメカニズムについての知識をもつことは、その人に他ならぬひとつのものを与える。それは他者に対する権力である。

これがもっとも顕著に現れるのは、催眠術の場合である。正直に言えば、私も若いころ催眠術に興味をもち、十五歳のとき実際に催眠術をかけたこともある。『日常生活の精神医学』[☆16]の中で述べたように、私がまだロートシルト病院の産婦人科で医学生として実習していたとき、麻酔の仕事を与えられていた。ある日、私の上司のフライシュマン医長が私に、名誉ではあるが、ほとんど見込のない仕事を命じた。ある年老いた女性に催眠術をかけよ、というのである。彼女は手術を受けねばならなかったが、麻酔薬が体に強すぎるのであった。局部麻酔も何らかの理由で使えないとのことだった。そこで私は実際に、かわいそうなその女性を催眠術によって痛みから救おうと試みた。幸い、この試みは完璧に成功した。

しかし、喜ぶのはまだ早かった。間もなく、医師たちのほめ言葉や患者のお礼にまじって、手術器具を手渡した看護婦から辛辣で、激しい非難の声を聞いたからである。後で彼女が言うには、私の単調な暗示が、患者だけでなくその看護婦まで眠くしてしまい、手術の間中、最後の力をふりしぼって眠気と闘わねばならなかったそうである。

またある時、マリア・テレージエン・シュレッセル病院の神経科の若い医師だった私に次のようなことが起こった。私の上司のゲルストマン教授[★19]から、二人部屋にいるある患者に催眠術をかけて不眠症から救ってやってくれと依頼されたのである。夜遅く病室に忍び込んだ私は、その患者のベッドのそばに座って、少なくとも三十分はずっとこういう暗示をかけていた。「あなたは落ち着いている。気持ちのいい眠気だ。あなたはだんだん眠くなる。呼吸はすっかり静かだ。まぶたが重くなる。すべての心配事は消え去り、もうすぐあなたは眠りにつく」。

三十分たって、その場を離れた。しかし、そっとそこを忍び出ようとしたとき、気づいてがっかりした。私はその男の助けにはならなかったのである。

だが、驚いたことに、次の日の朝、その部屋に入ると、喜んで迎えられた。「昨夜はよく眠れましたよ。あなたが話し始めて数分後には深い眠りについていました」と言ってくれたのは、別の患者、すなわち私が催眠術をかけるべき患者のとなりの患者であった。

私の精神科医としての権力の大きさが、とかく過大評価されることがある。つい最近も、夜中の三時にカナダの女性から私に電話がかかってきた。そしてその電話の通話料は私が支払うべきだという。あなたのことを私はまったく知らないのだからと告げると、ことは命に

☆16　*Die Psychotherapie im Alltag* 一九五二年。七週連続のラジオ講演を収録したもの。現在は絶版。

★19　一八八七年七月十七日レンベルク生まれ。ウィーンの代表的神経学者。マリア・テレジア・シュレッセル神経科病院の院長。アメリカに亡命後、『ゲルストマンの「アングラリス症状群」(失書、失算、左右方向感覚障害)』を書く。

かかわる問題なのだという。そこで通話料の支払いは引き受けたのだが、その時、これはパラノイア〔妄想症〕のケースだと気がついた。その女性は、自分がアメリカのＣＩＡから追いかけられており、そういう自分を救い、助けてくれるのは、そしてそれだけの権力を持っているのは、世界中で私だけだと思い込んでいたのである。私は彼女をがっかりさせるしかなかった。しかし、がっかりのさせ方が足りなかったのか、彼女は再び翌日の夜の三時に電話して来た。しかし今度はもちろん、ＣＩＡのために通話料を支払わされるのはご免こうむるほかはなかった。

医師の影響力

権力はさまざまに定義されうるであろうが、私は次のジョン・ラスキン[★20]の定義に賛成したい。「権力とは、ひとつしかない。それは救う力である。そして名誉も、ひとつしかない。それは助ける名誉である」。一九三〇年のことだったと思う。ツィルクス通りのギムナジウムにあったウィーン国民大学で、私は、「心の病――その発生と予防」（断っておくが、その鑑別と処置ではない）という講座をもっていた。思い出すのは、すでに薄暗くなってはいたが講堂や教室にまだ明かりは灯っていない、ある宵のことだった。熱心に聞き入る数十人の聴衆に対して、意味志向にどのような意義があるか、人生は無条件に意味をもっているか、ということについて説明していた。そして、この人々が私の言葉を受容してくれていること、私が彼らに入り込んでいること、私が彼らの人生の歩みに何かを与えていること、いわば彼らが陶芸家の手の中の粘土のようであること、こういったことをひしひしと感じ取っていた。つまり、私はこの人たちに「救う力」を行使しているのだ、と強く感じていたのである。タルムード[☆17]では、どう言われているか。——ひとつの魂でも救った者は、世界全体を救った者と同等に尊敬されるべきである。

　それで思い出すのは、ある世界的に有名な動物学者の、もうそれほど若くはない娘のことである。彼女は、私が医師として初めて「アム・ローゼンヒューゲル」精神病院に勤務したときの患者だった。彼女は重度の強迫神経症にかかっていて、もう何年もそこに入院していた。これも、夕暮れ時のことであった。私は彼女の二人部屋の空いているほうのベッドの端に腰をかけ、彼女に熱心に話しかけていた。なんとかして、強迫行動をやめるように彼女をしむけようと必死だった。彼女の主張をすべて聞きとり、彼女の恐怖感に根拠のないことをひとつひとつ説明してやった。彼女はだんだん落ち着きを取り戻し、自由になり、落ち込むことが少なくなった。私の一言一言が明らかに積極的に受け入れられていった。そして、こ

★20　一八一九年二月八日ロンドン生まれ。一九〇〇年一月二十日ブラントウッドで没。作家、画家、社会哲学者。社会的・政治的改革を提唱した。

☆17　旧約聖書と並ぶユダヤ教の聖典。聖書に次いでユダヤ人の精神文化の源泉となっている。

の時もまた私は、陶芸家の手の中の粘土を感じていたのである。

哲学的問題

このように精神医学一般に、そして特に精神分析に夢中になっていた一方で、哲学もすでに私から切っても切り離せぬものになっていた。国民大学にはエドガー・ツィルゼルが指導する哲学のワーキング・グループがあった。十五か十六のころ、私はそこで他でもない、まさに人生の意味について講演する機会を得たのである。すでにその当時、私は二つの明確な基本的考えを抱いていた。まず第一に、そもそもわれわれが人生の意味を問うべきなのではなく、われわれ自身が問われているものであり、人生がわれわれに出した問いに答えなければならないということである。そして、この人生の問いに答えられるようになるためには、われわれは自らの存在そのものについて責任を担わなければならないということである。

もうひとつの基本的考えは、究極的な意味がわれわれの理解力を超えていること、いや超えていなければならないということである。一言でいえば、私が〝超意味《ユーバージン》〟と呼んでいるものが問題なのである。この超意味はしかし、超感覚的《ユーバージンリッヘス》なものということではない。超意味に関しては、われわれはただそれを信じることしかできず、またそれを信じざるをえないのである。そして、たとえ無意識であっても、人は誰でもそれをとっくに信じているのである。

これとほぼ同じ時期、同じ年頃のことであるが、ターボア通りを歩いていた時のことがいまも目に浮かぶ。私は、お決まりの日曜午後の散歩をしながら、次のようないわば賛美歌風の考えにふけっていた――祝福させたまえ、その運命を。信じさせたまえ、その意味を。これは、どんなことでも、人に起こることにはすべて、何らかの究極的な意味があり、まさに超意味があるはずだ、ということである。しかし、人はこの超意味を知ることはできない。人はただそれを信じるほかないのである。結局、スピノザが初めて主張した〝アモール・ファティ〟、つまり運命愛をわれわれ自身がもう一度発見することが重要なのである。

信仰

さて、信仰についてであるが、このテーマについてはこれまでにもいろいろな機会に十分述べてきた。また、精神療法と神学との境界、あるいはフリッツ・キュンケル[★21]の言い方でいえば、精神治療学（Seelenheilkunde）と魂の救いの学（Seelenheil-Kunde）との違いについても、私の生涯のすべての著作がそれに向けられている。

そこで信仰という問題については、まず初めに、それがどのような連関で取り上げられる

★21　一八八九年九月六日シュトルツェンベルク生まれ。一九五六年四月四日アメリカで没。医学者、精神療法家。アルフレート・アドラーの最も有名な弟子の一人。

かによって、私の見解も異なってくる。つまり精神科医として述べるのか、それとも哲学者として、医師として、さらにはたんに人間として述べるかによって、それぞれ異なってくる。次に、私はいろいろな成長段階を経てきている。子供のころは信心深く、それから思春期には無神論的な時期もあった。

そして第三に考慮すべきことは、誰に向けて話をするのか、その相手、聴衆である。専門の精神科医を前にして、精神療法の方法と技術としてのロゴセラピーについて話しているときに、私の個人的な信仰告白をすることなどは思いもつかない。そんなことは、ことロゴセラピーの普及という点で――その最終責任はこの私にあるのであるが――まず何の益にもならないであろう。

最近の著作の中で、私は、まったくの偶然とは何であり、またどのような場合にその見かけ上の偶然の背後に、高尚な、もしくは深い意味が存在しており、究極的な意味が秘められているかという問題について繰り返し述べてきた。

このことで思い出すのは、次のような話である。ある日、私はウィーンにある、本格的とは言えないまでも純粋のゴシック様式だったので前から好きだったヴォティーフ教会の前を通りかかった。それまで一度も中に入ったことがなかったのだが、ちょうどオルガンの響きが聞こえてきた。私は、ちょっと中で腰を下ろそう、と妻に提案した。

ほとんど中に入るや否や、オルガンの演奏が終わり、司祭が説教壇に上って、説教を始めた。そして彼は、ベルク通り十九番の話、「神を恐れぬ」ジークムント・フロイトの話を始めた。それから彼はこう続けた――「しかし、そんな遠くのベルク通りまで行くこともない。すぐこの裏のマリアンネン通り一番にヴィクトール・フランクルというのがいる。彼は『医師による魂の癒し』という本を書いている。これは「罰当たりな」本である、まったく」[☆18]。それから彼は、私の本の、いわゆるこき下ろしにかかった。説教が終わってから、私は彼に

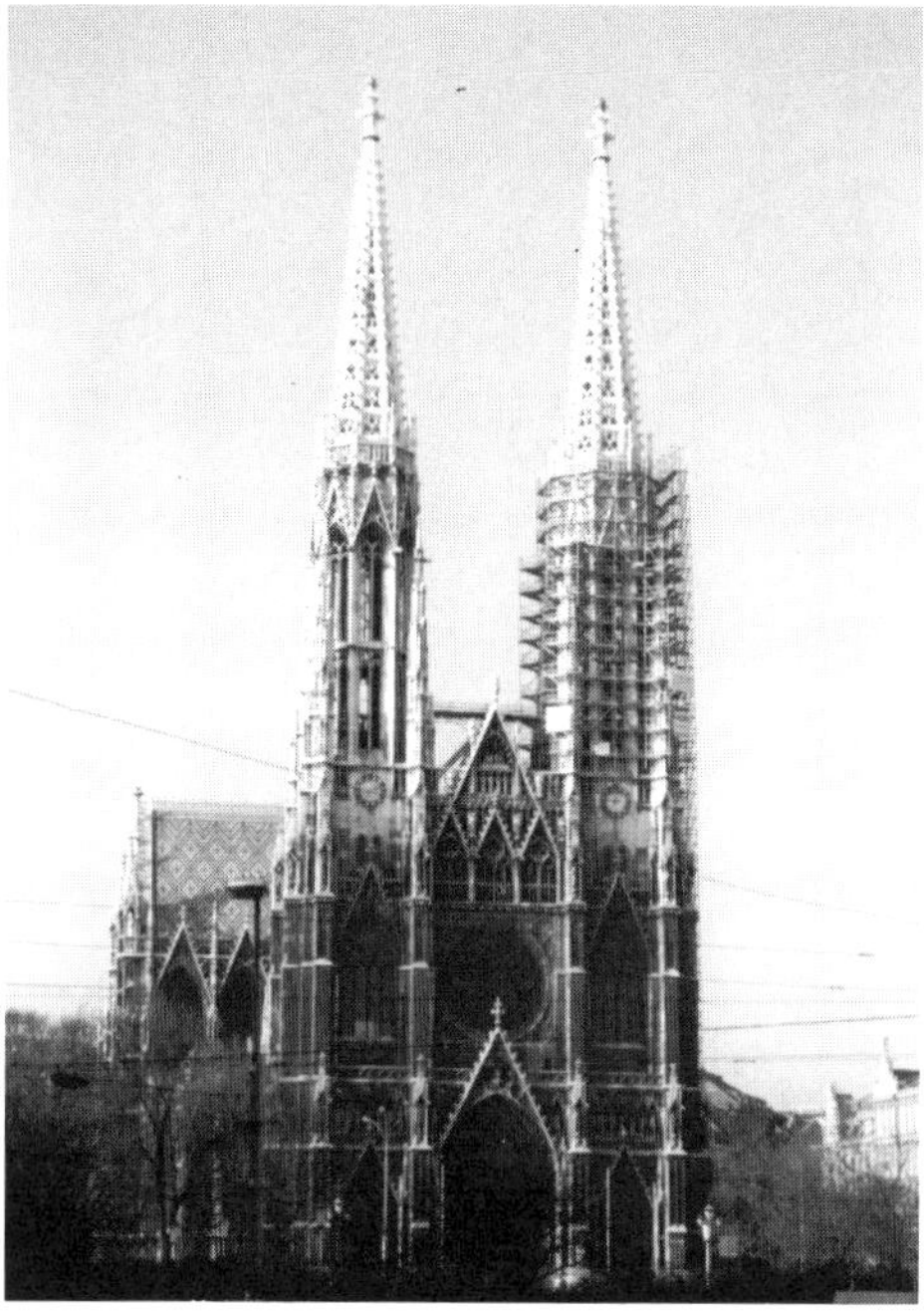

ヴォティーフ教会

名を名乗ったのだが、びっくりして卒中でも起こすのではないかと心配した。当然ながら、彼は私がその場にいるとは、思いもしていなかったからである。ところで、私は思うのだが、私が生まれてから、一度ヴォティーフ教会に入ってみようと決心し彼の説教を聞くまでに、どれだけの長い時間が経過したことだろうか、そして、司祭がちょうど私の話をするその時に、その教会に入る可能性はいかに小さいことか、と。

このような偶然に直面して、唯一妥当な考えだと思われるのは、これを説明することを初めから断念すべきだということである。私はそれを説明できるほど賢くもなく、またそれを否認するほど愚かでもない。

私の十五、六歳のころに戻ろう。私は哲学の勉強も始めていた。しかしまだ未熟すぎて、〝心理学主義的誘惑〟に立ち向かうことはできなかった。高校卒業論文としてアルトゥール・ショーペンハウアー[☆19]の病跡を扱った「哲学的思考の心理学について」と題した論文を書いた。この論文は、まだまったく精神分析の心理学主義に影響されたものではあったが、それでも少なくとも、「病的」イコール「誤り」と頭から決めつけることはやめるようになった。後に『医師による魂の癒し』の中で定式化した言い方でいえば、「2かける2は4であり、たとえ精神分裂病患者が言ったとしても、そのことに変わりはない」のである。

ところが、この心理学主義的誘惑にさらに〝社会学主義的〟誘惑が加わった。私は中学高校時代を通じてずっと社会主義労働者青年団の役員をしていたし、また一九二四年にはしばらく〃全オーストリア社会主義中高校生連盟の代表理事〃もしていた。友人と一緒に夜中までプラーター公園を徘徊し、マルクスかレーニンか、という議論や、フロイトかアドラーか、といった議論を交わしたものだった。

アドラーが彼の雑誌で提起したテーマのうち、私がどんなテーマに特に関心を抱いたか、私の研究全体をつらぬくいわば赤い糸のごときテーマとは何であったか。それは、特に精神療法における意味と価値の問題に重点をおいた、精神療法と哲学の間の境界領域の解明というテーマであった。はっきり言って、この問題に生涯をかけて取り組んだ者は私を除いてほとんどいないと思う。

この問題こそ、私のすべての研究の背後にある主動因なのである。さらに、この研究を完成させるべく私を動かした動因としては、通常「病理学主義」という形で現れる、精神療法の分野での「心理学主義」の克服があった。この病理学主義や心理学主義はいずれも、より包括的な現象である還元主義の一形態であり、この還元主義にはさらに社会学主義や生物学

☆18 「魂の癒し」Seelsorge の原義は、司祭による信者の指導であり、それを医師がおこなうことを批判しているのであろう。

☆19 一七八八―一八六〇。ドイツの哲学者。主意説と厭世観の代表者。主著『意志と表象としての世界』(二巻、一八一八―四四)。

主義も含まれている。還元主義はいずれにしろ現代のニヒリズムである。還元主義は、ひとつの全体的次元そのものであり、まさに人間的次元そのものであるもの、人間固有のものを、人間的なものの空間から、下位人間的な〔人間以下の〕平面に還元し投影する。つまり、もしこう言ってよければ、還元主義は下位ヒューマニズム〔ヒューマニズム以下〕である。

個人心理学との出会い

アドラーに戻ろう。一九二五年に私の論文「精神療法と世界観」が、彼の雑誌『国際個人心理学ジャーナル』に発表された。続いて一九二六年には二つ目の論文が掲載された。その同じ年に、私はデュッセルドルフで開かれた国際個人心理学会で基調講演をすることになったが、すでにその時は、正統派から逸脱せずにそれをおこなうことはできなくなっていた。ノイローゼは、実際にいつでもどこでも、彼らのいう「協調的性格」(Arrangementcharakter) 説の意味で、目的のための手段にすぎない、という考えに私は反論した。私はあくまで別の可能性、すなわちノイローゼは(たんなる「手段」としてだけではなく)「表現として」も解釈すべきだ、たんにインストゥルメンタル(手段的)な意味だけではなく、エクスプレッショナル(表現的)な意味をももっている、と主張したのである。

これは私の初めての講演旅行で、行きにはフランクフルト・アム・マインに、帰りにはベルリンに寄り道をした。フランクフルトでは、信じがたい、どちらかといえば失笑に値することだが、二十一歳の医学生であった私が、社会主義労働者青年団の招待で人生の意味について講演したのであった。旗を立てた青年の一団が、集合場所の広場から講演会場まで行進するほどだった。帰り道には、ベルリンで開催された個人心理学の学会で講演をおこなった。

一九二七年、私のアドラーとの関係は、ますます悪化した。私は、二人の男のとりこになった。彼らは私に人間として深い感銘を与えただけでなく、後のちまで残る影響を与えた。ルドルフ・アラースとオズヴァルト・シュヴァルツ[★22]である。アラースの指導する感覚生理学研究室で、私は実験的研究を開始した。また、心身医学と医学的人間学の創始者であるシュヴァルツは、光栄にも、私が個人心理学の専門出版社であったヒルツェル社のために書かねばならなかった著書に序文を書いてくださった。この書物はしかし、その間に私が個人心理学協会から除名されたために刊行されなくなってしまった（この「中絶した」本の要旨は、一九三九年に『スイス医学ウィークリー』に掲載された）。シュヴァルツは、その序文において、私のこの本は、カントの『純粋理性批判』が哲学にとって有しているのと同じくらい、精神療法の歴史にとって価値のあるものだと、書いてくれた。

★22　アラースとシュヴァルツはともに代表的個人心理学者。彼らの人間学的立場が協会で認められなかったため、個人心理学協会を脱退。

このころ、やっと自分の心理学主義が見えてくるようになった。私は完全にマックス・シェーラー[★23]に打ちのめされ、彼の『倫理学における形式主義』をバイブルのように持ち歩くようになった。自分の心理学主義を自己批判すべき潮時がきていたわけである。アドラー派の聡明な〝ボヘミアン〟と呼ばれていたアレクサンダー・ノイヤーが、ウィーンの文士カフェー「ヘレンホーフ」に私を呼んで、議論を迫った。彼はまず最初に、私の一連の草稿に基づいて判断するかぎり、意志自由の問題を解こうとするマックス・プランク[☆20]の試みやゲシュタルト心理学[☆21]の創始者たちよりも、私のほうに優位を認めるべきだと主張した。しかしその後で、再び私の一連の草稿に基づいて、今度は私を「精神の背教者」だと精力的に攻撃し始めた。これは「図星」だった。私はもはや妥協をする気はなくなっていた。

そして一九二九年のあの夜がやってきた。その夜、アラースとシュヴァルツは、すでに彼らが事前に予告していた個人心理学協会コラム・プブリコからの脱会を主張し、その理由説明をおこなった。会議はウィーン大学歴史研究所の大講堂でおこなわれた。最後列では、フロイト派が数人、ほくそえみながらこの光景を見ていた。かつてフロイトに起こったのと同じことが、いまアドラーにも起ころうとしていたわけである。アドラーも同じようにして、フロイトのウィーン精神分析協会を脱会したのだから。「分離運動」が再燃したのである。そして、精神分析派がその場に同席していたことが、アドラーの神経を余計に逆なでした。アラースとシュヴァルツの発言が終わった時、大きな緊張感があたりに漂っていた。はたして、アドラーはどう反応するだろうか。だが、その期待は無駄に終わった。いつもの彼とちがって、彼は一言も発言しようとしなかった。気まずい数分間が過ぎていった。私は彼と同じく最前列に座っていて、私たちの間には一人の女性の弟子が座っているだけだった。アドラーには、彼の考え方に対して、彼女や私が異論をいだいていることがよくわかっていた。とうとう彼は、私たち二人に向かい、あざけるように言った。「さあ、英雄の君たちはどうした？」臆さずに、勇気をもって自分たちの立場をはっきり発言したらどうか、と言いたかったのだ。

そこで私としては、他の人たちの前に出て、個人心理学がどのように心理学主義の域を出て発展していかねばならないかについて、彼らと議論をたたかわすほかなかった。そのため、

★23　一八七四年八月二十二日ミュンヘン生まれ。一九二八年五月十九日フランクフルト・アム・マインで没。ドイツの哲学者。「実質的価値倫理学」を提唱し、独自の文化社会学と現代的な哲学的人間学を展開した。〔『倫理学における形式主義と実質的価値倫理学』は一九一三—一六年。〕

☆20　一八五八—一九四七。ドイツの理論物理学者。量子論の創始者。

☆21　ヴェルトハイマー、ケーラー、コフカ、レヴィンなどのいわゆるベルリン学派の提唱する心理学。二十世紀初めに、それまでの意識心理学の要素説に対する反動として生まれた。心理事象を要素に分析したり、それらを結合することによって説明する要素心理学に対して、ゲシュタルト心理学は、心的事象を単なる部分の総和以上のものと見る。具体的には、心的事象を生理的概念によって説明する立場（ケーラー、コフカ）や生物学的な心理的場（生活空間）を考える立場（レヴィン）などがある。

私は、いわば敵である精神分析家たちの前で、シュヴァルツの味方をして、彼を「私の先生」と呼ぶという過ちを犯してしまった。こうなったからには、私がいくら、個人心理学協会から脱会する理由はひとつもない、なぜなら個人心理学は自らの力で心理学主義のからを破って行けるからだ、と言い張ってみても、もはやどうしようもなかった。こうして、アラース、シュヴァルツとアドラーの仲を取り持とうとした私の試みは無駄に終わった。

その夜以来、私がそれまでの夜と同じようにカフェー・ジラーに行って、アドラーが陣取っている常連のテーブルに近づいても、彼は私と一言も口をきこうとせず、あいさつにも答えなくなった。私が無条件に彼の立場を擁護しなかったことが、彼には許せなかったのである。

その後何度も、協会から脱会しようという気になったが、やはり私にはその理由がなかった。そして結局、数ヵ月後に、私は個人心理学協会から正式に除名されることになったのである。

この「隔離《エクソドゥス》」は私にとって非常に大きな意味をもっていた。一年間にわたって、私は個人心理学の雑誌『日常における人間』を発行していたが、その発行中止も時間の問題であった。またそれ以外にも、私は自分のフォーラム（議論の場）を失った。たとえ学問的にではなくとも、せめて人間的に私に誠実でいてくれたのは、個人心理学者のうちほんのわずかな人間だけだった。その意味で、あまりに早く亡くなってしまったエルヴィン・ヴェックスべルク[24]、ルドルフ・ドライクルス[25]、そして最後ではあるが、アルフレート・アドラーの娘、アレクサンドラに感謝の言葉を捧げたい。

だから、ロゴセラピーが「アドラー的心理学の最上のもの」などと言うことだけは、やめていただきたいし、また、これを独自の（sui generis）研究方向であると見なして、これに特に別の名前をつけるなどという理由もまったくないのである。こうした批評に遭遇した場合、私はいつもこういうふうに答えることにしている。ロゴセラピーが本当にまだ個人心理学であるのか、それともとっくにそうではなくなっているのかを判断する権利は誰にあるのか、アドラー以外に誰がいるのか、と。そして、私をどうしても個人心理学協会から除名すると言い張ったのは、まさに彼ではなかったのか。ローマが発言し、事件は落着せり（Roma locuta causa finita）。

★24　一八八九年二月十二日ウィーン生まれ。精神療法と神経学の研究に従事。個人心理学に関する著作（『個人心理学――その体系的描写』ほか）。

★25　一八九七年二月八日ウィーン生まれ。一九七二年五月二十五日シカゴ（イリノイ州）で没。オーストリアの教育学者、心理学者。アルフレート・アドラーと行動を共にした、個人心理学の代表的人物。シカゴ、リオ・デ・ジャネイロ、テル・アビブにアドラー研究所を設立。主要著書に『子供たちは私たちに挑戦する』『教室の心理学』がある。

ロゴセラピーの始まり

その間に、フロイトの最初の伝記を書いたフリッツ・ヴィッテルス[★26]、マクシミリアン・ジルバーマン、そして私とで、〝医学心理学学術協会〟を設立し、私はその副会長に選出された。ジルバーマンは会長で、彼の後任はフリッツ・レートリッヒ[★27]とペーター・ホーフシュテッター[★28]であった。顧問委員会には、フロイト、シルダー、そして精神療法のメッカだった二〇年代のウィーンで地位も名声も有していた人々が座った。この協会にはひとつのワーキング・グループがあって、その席で私は一九二六年に講演し、公の学会で初めて〝ロゴセラピー〟について話した。もうひとつの名称である〝実存分析〟という術語を用いたのは一九三三年が最初である。このころには、私の思考はもうある程度まで体系化されていた。

すでに私は、一九二九年に、三つの価値グループもしくは人生――その最後の瞬間、最後の息を引き取るまでの――から意味を獲得する三つの可能性について考えていた。人生から意味を獲得するこの三つの可能性とは、第一に、われわれがおこなう活動やわれわれが創造する作品であり、第二に、体験・出会い・愛である。そして第三に、われわれが変えようのない運命（不治の病とか手術不可能なガン）に直面したときですら、人間の能力のうちで最も人間的な能力である、苦悩を人間的な業績に変容するという能力を証明することによって、人生から意味を闘いとることができるのである。

ロゴセラピーを公式に〝精神療法のウィーン第三学派〟と名づけたのは、周知のようにヴォルフガング・スーチェックである。個体発生は系統発生を短縮して反復するというヘッケルの生物発生の法則☆22の正しさがここでも証明されている、と言ってよいかもしれない。なぜなら、私は何らかの形で、ウィーン精神療法の最初の二つの学派を自ら通り抜けてきたからである。短縮して、と言えるのも、一九二四年にジークムント・フロイトの骨折りで『国際精神分析ジャーナル』に私の研究が載るや、次の年一九二五年にはもうアルフレート・アドラーの音頭取りで彼の雑誌に別の研究が載せられていたからである。だから、精神療法の発展に参加してきたとも言えるし、また同時に両者を先取りしていたとも言えるだろう。ただ

★26　一八八〇年十一月十四日ウィーン生まれ。一九五〇年十月十六日ニューヨークで没。神経学者、精神医学者、精神分析学者。

★27　一八六六年一月十八日ブリュン生まれ。一九三〇年六月九日ウィーンで没。てんかん、ヒステリーの際の瞳孔現象は、彼の名を採ってレートリッヒ現象と呼ばれる。神経学の全分野にわたって著作がある。

★28　一九一三年十月二十生まれ、一九九四年没。五〇年代初頭、ドイツ心理学に再び実験的・経験的方法（例えば「オズグッドの形容詞対《つい》プロフィール」）を導入した。

☆22　ヘッケル（一八三四―一九一九）はドイツの動物学者。卵細胞から個体が形成していく過程は、その種がより原始的な種から進化する過程を再現している（人間の初期の胚にえら状の形態が見られるなど）とする説を提示した。

ここで、一九二九年から私が実践し、一九三九年に発表した逆説志向[☆23]に少し触れておきたい。行動療法のすぐれた識者たちは、逆説志向が、その数十年後の六〇年代に開発された、この学習理論に基づく治療方法をすでに先取りしていたことを、繰り返し指摘しているようである。一九四七年に私が『精神療法の実際[☆24]』の中で詳細に述べた勃起障害の治療技術が、七〇年代にマスターズとジョンソン[★29]によって「新しい」性療法として発表されたことも指摘するだけにとどめておきたい。

だが、私は行動療法を批判する気にはなれない。この療法は、もしこう言ってよければ、精神分析や心理学主義的個人心理学と戦っている私のために、火中の栗を拾うという危険を冒してくれたのである。この両方の学派〔精神分析と個人心理学〕が互いに反目して衝突すれば、漁夫の利は「第三者（第三ウィーン学派）」にある。ロゴセラピーが他の学派を批判せずに済めば、それに越したことはない。それに、たとえ批判が正しくとも、とっくに時期を失しているのである。

ところで、ロゴセラピー自体について言えば、かのゴードン・オールポート[★30]が私の著書『一心理学者の強制収容所体験』の英語版『人間の意味探究[☆25]』の序文において、「現代における最も重要な心理学運動」と評している。また、ホアン・バティスタ・トレロは、この療法が精神療法の歴史の中で、最後の本当の体系であると述べている。また私は、できることなら、実際にきわめて体系化されているソンディ[★31]の運命分析[☆26]とも協力したいと思う。ただし、ソンディと私のようにきわめて異なった立場にある者が、相互の立場に立って協力しあえるということが前提である。私個人としては、ソンディ・テスト☆27は、ほとんど他愛のない社交

☆23　神経症患者は、ある症状が再発するのではないかという予期不安を抱いたり（不安神経症）、押し寄せてくる強迫観念を抑圧しようとする（強迫神経症）。しかしそのことが不安や強迫観念をいっそう強化するという悪循環を生み出す。この循環機制を断ち切り、根底から転換することが逆説志向の課題である。「逆説志向は次のように定義される。――逆説志向では、患者は、これまでずっとひどく恐れてきたものをいまこそ望むように（不安神経症）、あるいは決行するように（強迫神経症）、と指導される」（『宿命を超えて、自己を超えて』）。

☆24　*Die Psychotherapie in der Praxis.* ロゴセラピーの臨床的研究書。未邦訳。

★29　マスターズは一九一五年生まれ、ジョンソンは一九二五年生まれの、ともに性科学者。

★30　一八九七年十一月十一日モンテズマ（インディアナ州）生まれ。一九六七年十月九日ケンブリッジ（マサチューセッツ州）で没。アメリカの心理学者。人格発達の研究で人間主義的心理学の基礎を築いた。有名な著作に『偏見の本質』（*Nature of Prejudice*）（一九五四年）がある。

☆25　*Man's Search for Meaning* 初版（*From Death-Camp to Existentialism*）一九五九年、改訂増補版一九六二年、Beacon Press 刊。

★31　レオポルド・ソンディ。一八九三年三月十一日ノイトラ生まれ。一九七七年没。ハンガリーの心理学者、精神療法家。

☆26　ソンディは、家族的無意識（必然的運命）が人生のあらゆる選択により示されると考え、その無意識を衝撃的・実感的に自覚させて、その人の本来あるべき姿を実現させようとする。

☆27　ソンディによって考案された投影法心理テスト（人格診断法）の一種。八種類の精神疾患患者の顔写真カードを六組（四十八枚）使用し、その中から「好きなもの」「嫌いなもの」を選択させることによって、無意識の衝動と自我の状態を診断する。

ゲーム程度以上のものではないと思う。
トレロは、私が今世紀の病である無意味感に治療方法をもたらしたものとして精神医学史に足跡を残すであろう、といつか語ったことがある。確かに、ロゴセラピーは特にこの目的のために生み出されたものなのである。

ところで、ロゴセラピーを生み出した究極の原因、最深の根源、私の動機の奥深く隠された理由は何かと聞かれるならば、私をそれへと動かし、飽くことなく研究させてきた理由はただひとつしか挙げることができない。その理由とは、この下賤な精神療法の業界にはびこる現代の冷笑主義の犠牲者に対する思いである。「業界」と言ったのは、商業主義化していることを、「下賤」と言ったのは学会の不潔さを指している。精神的な苦しみをもつだけでなく、精神療法そのものによって障害を受けた人が自分の前に座ると、胸の締めつけられる思いがする。実際、精神療法における心理学主義に由来する非人格化と非人間化の傾向に対する戦いが、私の全学究生活を貫く赤い糸になっている。

私たちロゴセラピストは、若干の技術を生み出してきた。〝逆説志向〟はそういう技術のひとつとして認められているものであり、また、これほど認められてはいないが、〝共通項〟の技術[☆28]もそのひとつである。後者の例で思い出すのは、今日有名な女流作家、イルゼ・アイヒンガー[★32]がまだ医学生だったころ、私をたずねて来たことがある。たしかハンス・ヴァイゲルが彼女をよこしたのだった。彼女は、書き始めた小説——実はその作品で彼女は有名になるのだが――を書き続けるために医学部の勉強を中断すべきか、それともまず医学部を卒業すべきかで、ディレンマに陥っていた。かなり長い間話し合った末、小説の完成を引き延ばすより、大学の勉強を中断する方が問題が少なかろうという結論に達した。この場合の共通項とは、中断による害が大きいのはどちらであるか、ということである。

また、逆説志向に関して思い出すのは、罰金を逃れるためにこれを使ったことである。私は、信号が黄色のときに交差点を車で通り抜けた。それまで隠れていた警官が私の前に現れた。私は歩道わきに車をつけ、車から降りると、重々しく近寄ってくる警官に自責の言葉を浴びせかけた。

「おっしゃる通りです。何ということをしてしまったんでしょう。おわびの言葉も、弁解の言葉もありません。もう二度とこんなことは致しません。いい薬になりました。本当に罰せられても仕方がない行動です。」

警官は、何とか私を落ち着けようと努め、慰めの言葉をかけた。「誰にもあることです。あなたが二度とこんなまねをしないのは、私にもようくわかっています。」

☆28　共通項とは決断を迫られた二つの可能性に共通する特徴のことで、決断した際、どちらが多くのものを逸するかを、患者の「責任性意識」に訴えつつ勘案させてみずから決断させる方法。『人間とは何か』三九八頁参照。

★32　一九二一年十一月一日ウィーン生まれ。オーストリアの女流作家。

さてここで、私の精神医学の修業・遍歴時代に戻ろう。具体的に言えば、個人心理学協会からの脱会についてである。

理論と実践――青少年相談所

個人心理学協会を除名されてから、私の関心分野の重心は理論から実践に移った。まずウィーンで、ついでウィーンをモデルにして他の六つの町で、青少年相談所を設け、心の悩みをもつ若者が無料で相談を受けられるようにした。カウンセラーとして、アウグスト・アイヒホルン★33やエルヴィン・ヴェックスベルク、ルドルフ・ドゥライクルスなどがボランティアとして参加してくれた。またシャルロッテ・ビューラー★34も、他の人と同じように自宅のアパートで助言を求める人に面接しようと言ってくれた。

一九三〇年、学校の成績発表の時期に合わせて、初めての特別キャンペーンを実施した。その結果、ウィーンで数年来初めて、生徒の自殺者が一人も記録されなかった。

外国でもこの運動に対する関心が高まり、それに関する講演に招かれた。ベルリンでは、青少年相談に関心をもつヴィルヘルム・ライヒ★35と、彼のオープンカーでベルリン中を走り回りながら、相談所で持ち上がる性的問題に関する私の経験をかなりの時間を割いて議論した。プラハとブダペストでは大学で講演した。その際プラハでは、後にウィーンでヴァーグナー・ヤウレックの後継者となったオットー・ペッツル★36と知り合いになり、彼は生涯を通じて私の父親的な存在となった。

フロイトとアドラーを除けば、ペッツルも私にはまさに天才らしく思われた。そして彼には天才らしい散漫さがしばしば見られた。信じてもらえないかもしれないが、こんなことがあった。ある日、彼は私のポリクリニックにやって来た。彼を医長室に通すと、いつも持ち歩いていた傘を洋服掛けのところに立てて、腰をかけると、何かの症例の話をした。話が済んで、別れを告げ、私は彼を送り出した。しばらくして、彼が戻って来た。傘を忘れたので

★33 一八七八年七月二十七日ウィーン生まれ。一九四九年十月十三日同地で没。オーストリアの教育学者、精神分析家。精神分析的教育学の創始者で、身よりのない子供や非行青少年の更生のための診断法と治療法を開発。

★34 一八九三年十二月二十日ベルリン生まれ。一九七四年二月三日シュトゥットガルトで没。ドイツの心理学者。三〇年代、青少年心理学者の研究サークル、ウィーン学派を結成し、発達テスト、知能テストを作成。〔心理学者カール・ビューラーの妻。〕

★35 一八九七年三月二十四日ドブルチニカ（ガリシア）生まれ。一九五七年十一月三日ルイスバーグ（ペンシルヴェニア州）で没。オーストリアの精神分析家。マルクスとフロイトの理論を結びつけようと試み、さらに不安と性に関する生物―生理学的研究をおこなう。六〇年代の反権威主義運動に大きな影響を与えた。主要著作に、『ファシズムの大衆心理学』（一九三三年）、『性革命』（一九四五年）、『性格分析』（一九三三年）がある。

★36 一八七七年十月二十九日ウィーン生まれ。一九六二年四月一日同地で没。精神医学者、神経学者。ドイツ語圏で初めて精神分析学の講義を大学に採り入れた。

ある。そして傘を手にすると再び出て行った。その時私は、彼がうっかり私の傘をもって行ったことに気づき、彼を呼び戻した。「教授、それは私のですよ」。

「いや、失礼」と言って、彼は自分の傘を受け取った。彼が去った後、実は彼が私の傘を返さなかったことに気づいた。私は再び彼の後を追いかけて、言った。「失礼、教授、今度は両方の傘をお持ちですよ」。

彼はもう一度謝罪して、三たび私の傘を返しに部屋に入ってきた。今度は自分の傘だけで、ほかの傘は持たなかった。

私が、ドイツ青少年福祉協会のマルガレーテ・ロラーの招きでブリュンで講演をおこない、その後引き続きレストランでみんな一緒に座っていたとき、彼女は突然無口になった。彼女が、何十年も私の父と青少年福祉の分野で一緒に仕事をし、今またその息子と同じことをしているのに気づいたからだった。

事実、私の父は、ヨゼフ・マリア・フォン・ベルンライター大臣とともに、児童保護青少年福祉中央センターを設立した。私の青年時代、これほど退屈なものはなかった。ところがある日、マルガレーテ・ロラーに言われて、はっと気づくに至った。実は私も、この青少年相談所を通して、心理学の分野で青少年福祉に携わっているのだということに。

しかし、ウィーン行きの飛行機に間に合うよう、私は急いでそのレストランを出なければならなかった。なにしろ一九三〇年のことである。四人乗りの飛行機に、乗客は私一人だけで、それがどれだけの「荷重」であるかは、すでに空港の体重計で明らかになっている。このころはまだ、パイロットは、外気にさらされた操縦席にすわっており、コックピットの扉もなかったのである。いずれにしろ、この飛行は——実は私もこの時初めて飛行機に乗ったのだが——いろいろな面でまさに冒険と言えるものだった。とはいえ、飛行機がなくては、一九二七年から毎週、夜の定刻にウィーンで開いている国民大学の講義に間に合うことができなかった。とりわけ、その日は、ウィーンの国民大学で初めて開かれた精神衛生の講義の日だったのである。

ここでの講義で思い出すのは、女の子に印象づけようとするときは——私の容姿だけではまず無理だから——ちょっとしたトリックを使ったことである。例えば、ある舞踏会で彼女と知り合ったとしよう。そこで私は、フランクルという男が国民大学ですばらしい講義をおこなっており、自分も大好きでいつも行っている、と褒めちぎり、君もぜひ一度聞いてみるべきだ、せめて一度ぐらいは私と一緒に行ってほしい、と言いくるめたのである。かくして、私たちは、ある晩、その講義が今一番の人気だという、フランクルという男が毎週講義をやっているツィルクス通りのギムナジウムの大講堂に行くことになった。そして私たちは、わざと最前列の端に腰掛けた。それから私は、突然彼女のもとを去って、観衆の拍手を受けながら舞台に上がったのである。その時、彼女はどんなに強い印象を受けたことだろうか。

私は、国民大学と同じく、社会主義労働者青年団の組織でも定期的に講演をおこなっていた。そして、それらの何百回という講演の後には、そのつど、手紙による質問にも返事を書いていた。これらの経験は財産となって私のうちに蓄積され、青少年相談所における何千という来談者との接触で得たものと融合することになった。

このような背景を知ると、ペッツルが初めて、そしておそらく一度だけ例外を認めた次の事実も理解できるであろう。すなわち、彼は、自分の病院の精神療法科の部長医師であったオットー・コーゲラーに命じて、まだ医学生の、博士号を取っていない私にまったく一人で精神療法の仕事をしてもよいという許可を出させたのである。そこで、私は精神分析や個人心理学で学んだことをすべて忘れようとした。患者から学ぶこと、患者の言うことによく耳を傾けることを心がけた。患者の病状が好転するとき、彼がどんなことをするのかを見つけようとした。私はすべてを初めからやり直したのである。

ところで、人が自分に言ったことはよく覚えていても、自分が他の人に言ったことは忘れることがあった。だから、私が〝逆説志向〟を適用して成功したことを、自分の患者から聞かされることがたびたびあった（この名称は、もちろんずっと後につけたもので、一九三九年に初めて『スイス神経学・精神医学論叢』に公表したものである）。そして、私が患者に、神経症から治るのに一体どこでそんなトリックを使うことを思いついたのかと聞くと、驚いた患者は、「先生が前回おっしゃったじゃないですか」と言う。私は自分のアイデアを忘れていたのである。

ある医師の修業時代

医学博士の学位を取得した後、私はまずペッツルのウィーン大学精神医学病院で働き、その後二年間ヨゼフ・ゲルストマン（ゲルストマン症候群［アングラリス症候群］は彼の名前をとって名づけられたものである）のところで、神経学の勉強をした。最後に四年間アム・シュタインホーフ精神病院に勤めて、通称「自殺者病棟」の主任医師をしていた。一度計算してみたところ、当時「私の手にかかった」患者は、一年間に三千人を下らなかった。このようにして、私の診断医としての目が研かれることになった。

シュタインホーフにいる間に、精神分裂病の急激な病勢増悪の一症状であるコルゲイター（皺眉筋）現象の理論[★37]を提起した。私は、自分の観察をフィルムに収めて、ウィーン精神医学学会でこのテーマについて発表するときに上映した。

しかし、シュタインホーフで過ごした最初の数日は、無残で、特に夜はひどかった。精神病に関わるぞっとするような夢にすっかり苦しめられた。私の上司である医長のレオポル

★37 精神分裂病の診断に用いられる現象。「精神分裂病に頻繁に認められる現象」という題でフランクルによって初めて記述された（『神経学・精神医学ジャーナル』（一九三五年、一五二号一六一頁以下）。

ド・パヴリツキー[★38]は、有名なウィーンの音楽家の父親でもあったが、初日に私にくどく言って聞かせた。私の病棟の精神病の女性たちが昼間過ごしている部屋へメガネをかけたまま入ってはならない、と。顔を殴られて、割れたメガネのガラス片が目に入ってしまうやもしれない、それに不注意が理由では、保険もおりないだろうから、と言うのである。私は上司の助言にしたがって、メガネをはずして部屋に入ったが、なにぶんよく見えないため、たちまち初日に一発げんこつを食らってしまった。次の日からメガネをかけたまま部屋に入ると、たとえ人の姿が視界から見えなくなり、私に襲いかかろうと広く道をあけていても、すぐさまそれに気づくことができた。そのため彼らも私を襲うことを諦めざるをえなかった。私が、メガネのおかげですべて早いうちに気がついて、すぐに部屋を飛び出したからである。

シュタインホーフで過ごした四年間に、私は、患者たちの奇妙な言葉をすべて速記で書き取った。一時は「……そして愚者は真実を言う」というタイトルの本を出そうかと思ったくらいである。たしかに、子供と愚者は本当のことを言う、という諺の通りである。そのうちの一つ二つは、私の著書で取り上げたことがある。例えば、ごく簡単な知能テストで出される典型的で標準的な質問をある老女にしたときの、彼女の答え。つまり、子供と小人の違いは何かという質問に、「何とまあ、先生、子供はなんといっても子供だし、小人《ツヴェルク》は鉱山《ベルクヴェルク》で働いているんですよ」。また、「あなたは性交していますか、あるいはすでにしたことがありますか」という私の問いに対する答えも二、三挙げておこう。これらの答えはあまりに滑稽だったので、私が慌てて速記したものである。一人は、「いいえ」と答えた。私がさらに、「一度も、ですか」と聞くと、「ええ、まあ、子供の時にはね」とかえってきた。また、同じ性交に関する質問に対する別の患者の答え――「何とまあ、先生、強姦されるときぐらいですよ。どこにも出かけませんからねえ」。

ここで、前述の計画していた本の「……そして患者は真実を言う」という表題によって、何を私が強調しようとしたのかについて言及しておきたい。つまり、それは、ロゴセラピーの基礎をなす理論が、精神療法における心理学主義に対する戦いの中で、病的だからといって必ずしも誤りであるとは限らないのだという事実を強調しようとした、ということである。この理論を私は改めて〝ロゴセオリー〟と呼ぶことにしている。だからロゴセラピーは、病理学主義に戦いを挑んでいるのである。それで、もしこの本のタイトルを、私の最初の本と同じく、書き換えるとしたら、「2かける2は4、たとえ妄想症患者が言ったとしても」となるだろう。

一九三七年、私は、精神・神経科の専門医として開業した。ここでひとつのエピソードを

★38　バウムガルトナー・ヘーエ（シュタインホーフ）精神病院の院長を長年務めた。息子のノルベルト・パヴリツキーは一九二三年三月四日ウィーン生まれ、一九九〇年七月十五日同地で没。ピアニスト、作曲家。

思い出す。開業して間もないころ、かなりてこずった患者がいた。私は、ツェルニンガッセの四階で開業していた。両親と兄弟は休暇でおらず、私は一人だった。若く、大柄で、スポーツマンタイプの男が、私と二人っきりで四階のアパートに座っていたが、この男は統合失調症であった。部屋の窓は開いたままであり、窓下の壁もかなり低かった。その彼は突然怒りの発作を起こし、私を荒っぽく侮辱し、罵倒すると、最後に私を窓から中庭に突き落とそうとした。私は力ではまったくかないっこなかった。だが、私は命乞いをしたり、何かお願いをしたりせずに、ひどく機嫌を悪くしたようなふりをした。「いいかい」私は言った。「これは本当に侮辱だよ。一生懸命あなたを助けようとして、そのお礼がこれかね。私に友情の縁を切るというのかね。まさかあなたがそんなことをするとは思わなかったね。まったくの侮辱だよ」。

するど、彼は私から離れ、病院で彼の「敵から」守ってもらうようにという私の説得を聞き入れた。「なぜなら」と私は説明した。「病院では、敵は手を出せませんからね。でも、それは病院だけの話ですよ」と。そこで、彼は私の付き添いでタクシー乗り場まで行くことになったが、その道すがら、彼は、敵の意地悪のために自分がタクシー代を払うのは馬鹿馬鹿しいと言い張った。そこで私は、タクシーで直接病院に行かず、まず警察に行ってはどうか、と提案した。警察なら、ウィーン市の費用持ちで救急車で病院に運んでくれるし、それに、自動的に国費で、つまりただで、手当を受けられるだろうから、と。

III ナチス時代

カウフェリング第3強制収容所の半分地中に埋めこまれたバラック

1938年3月15日のヒトラーのウィーン凱旋パレード

英雄広場での政治集会

「併合」

精神・神経科の専門医として支障なく開業を続けることは、長くは叶えられなかった。開業して数ヵ月後の一九三八年三月、ヒットラーの軍隊がオーストリアに進攻して来たからである。この政治的な大事件の夜、私は、それと知る由もなく、同僚の代わりに彼が選んだ「時代の現象としての神経衰弱」という題で講演をしていた。突然、何者かが激しく扉を開いた。そこに、制服姿のSA〔ナチスの突撃隊〕将校が立っていた。こんなことが、シューシュニック[★39]政権のもとでありうることであろうか、と自分に問うた。明らかにこのSA将校は、この催し物を妨害し、私の講演を中止させようとしていたのである。

そこで私はこう考えた。すべては可能なのだ。今こそ、彼がしようと思っていたことを彼に忘れさせるほどに話すのだ、しっかり気を張って。私は、彼の顔をまともに見据えると、話しまくった。そして、三十分後に私の講演が終わるまで、彼は根っこが生えたようにドアのところに立ちすくんでいた。それは、私の生涯の一世一代の講演だった。

私は家路を急いだ。プラター通りには、歌い、歓声をあげ、叫び声を上げるデモ参加者が溢れていた。家では、母が泣いていた。たった今シューシュニックがラジオ放送で国民に別れを告げたばかりで、今は何とも言えないほど悲しいメロディがかかっていた。

ところで、演説の才能ということで、もうひとつ思い出したことがある。何年も後、私がすでに神経学ポリクリニックの部長になっていたとき、私はスタッフ一同のためにレセプションを開いた。私の妻は、私がスタッフの間でどんなあだ名で呼ばれているかを知るために、医師の一人を酔いつぶしていた。やっと彼が口を割った。人は私を「神経ゲッベルス」[☆29]と呼んでいたのだ。妻も私も、それほど悪くはないと思った。まあ、どんな動物にも、かぎ爪、角、刺、毒といった、自分の身を守る武器が備わっているのだから。それが、私の場合、演説の才能だっただけのことである。私が結びの言葉を握っている限り、私はやりにくい相手だったろう。私を攻撃したディベートの相手は、場合によっては笑うどころではなかった。笑いは、つまり聴衆の笑いは、とっくに私の味方だったからである。

ヒトラーの軍隊が進駐してきてからは、悪夢のようであった。どうしてもヴィザが発行してもらえなかった。その時、ロートシルト病院の神経科主任のポストが回ってきた。私はそれを引き受けることにした。それは、少なくとも私と私の年老いた両親を、強制収容所送り

★39 シューシュニックは、一八九七年十二月十四日リーヴァ（ガルダーゼー）生まれ。一九七七年十一月十八日インスブルック郊外のムッタースで没。オーストリアの政治家、法律家。一九三八年三月十一日、ナチスの圧力で連邦首相を辞任。

☆29 ナチスの啓蒙宣伝相として演説の才能を発揮した。

からある程度守ることのできるポストだったからである。

　ロートシルト病院では、苦境にありながらも研究を続けることができた。一日に十人もの自殺未遂者が運び込まれた時期もあった。それほど、ウィーンに残ったユダヤ人の精神的状況は悲惨だったのである。内科医たち、中でもドナート教授が回復の見込みなしとあきらめたケースの患者に、私はいろいろな刺激剤を投与した。初めは静脈注射で、それが効かなくなると、クモ膜下腔注射で投与した。それに関する私の論文が、戦争の真っ最中に、ナチズム医師会ユダヤ人委員会の承認を得て、スイスの『医術《アルス・メディチ》』誌に掲載された。

　さらにこの関係で、特殊な大脳後頭葉下の脳尖刺術を開発した。この技術によって、私が初めて指摘した危険の根源を絶つことができるのであった。最終的に、もはやクモ膜下腔注射すら効かないケースでは、開頭術[★40]をして、薬剤を側脳室に点滴注入し、同時に大脳後頭葉下の脳尖刺によって第四脳室で排液する。この方法によって、なるだけ早くシルビウス水道[☆30]の水流方向に投薬できることになり、その近くにある生命に不可欠な中枢に、早く効果が広がるようにしたのである。いずれにしろ、このような方法で、無呼吸で脈拍もなかった患者ですら生きつづけることができたし、何人かの人は、自分で過呼吸し始めるまでに生命機能を回復した。それ以外の人は一日か二日生きただけであったが、それでもわれわれは最善を尽くしたと思う。

　ここで考慮に入れてほしいことは、いま言った脳手術は、――ロートシルト病院の外科医ライヒ医長が手術をおこなうことを拒否したために——書物、特に〝ダンディ[★41]〟の医学教科書から学んだということである。シェーンバウアー教授は自分の病棟で、彼もしくは彼の部下が脳外科の手術をおこなう際に、見学することすら許可してくれなかった。私は脳外科にあまりに熱中して、脳手術の一部始終を夢に見たほどである。ロートシルト病院で何年もシェーンバウアーと一緒に仕事をしてきたオペ室のヘルパーは、私が自分で手術をするのは初めてだと語ると、信じようとしなかった。

私の助手であった女医ラッパポルト博士は、私が自殺を企てた人々を救おうとしたことに抗議した。それから、彼女自身にも強制収容所に抑留するという命令の下る日が来た。彼女は自殺を企て、私の病棟に運び込まれた。そして私に命を救われ——その後、強制収容所に抑留されていった。

ひとりの人間の自ら命を絶とうという決意に、私は敬意を払う。しかし、できるかぎり人の命を救いたいという私の信念にも、同じように敬意を払ってほしいと思う。ただ一度だけ、私は、この信念に背いたことがある。ある老夫婦が心中を試み、ロートシルト病院に運び込

★40　穿頭術。外科手術でおこなわれる髄および頭蓋腔の開口。
☆30　第三脳室と第四脳室を連絡する管。
★41　アメリカの脳外科医。現代脳外科の祖であるカッシングの弟子で、脳外科の基礎参考書を発表。

まれて来た。妻は死に、夫も瀕死の状態だった。こんな場合でもなお、その人を救おうという努力を惜しまないのか、と人に問われた。私は、どうしてもそうする気になれなかった。なぜなら、その人の命を取り戻すことで、彼に妻の墓参りをすることしか残されないとするなら、果たしてそれに自分は本当に責任をもてるだろうか、と自問したからである。

これと同じことは、不治の病にかかり、余命いくばくもないことを知り、そのため余計に苦しまねばならない人々にももちろん当てはまる。しかし当然のことながら、この苦しみにすら、自己自身を実現するチャンス、ごくわずかながらもその可能性はつねに残されているのである。だが、このような原理的な可能性を人に指摘することは、きわめて慎重になされねばならないし、またそうしてのみ可能なことなのである。限界状況において、そのような英雄的ともいえる自己実現を求めることが許されるのは、ただ一人、つまりその人だけである。同じように問題なのは、ナチに追従するくらいなら、強制収容所へ行くべきだった、という主張である。確かにそれは正しいかもしれないが、そもそもそんなことを口に出せるのは、実際にそれを自ら実証して見せた人間だけであって、安全な外国にいた人間が言えることではない。後から人を責めるのは、たやすいことなのだ。

ヒトラー支配下のウィーンのユダヤ人医師の悲劇的な状況には、もちろん悲喜劇的な一面もあった。救急業務に携わっていたユダヤ人医師たちの多くは、解雇され、国外追放され、若いナチスの医師に取って代わられた。その中には未熟な医師も多かった。でなければ、ある日ロートシルト病院に運び込まれた女性の患者が、若い救急医師によって「死亡」と診断されるなどということの説明がつかない。「死亡」と診断されて病理解剖室に運ばれたこの女性患者は、まもなく意識を取り戻しただけでなく、暴れ始めた。しかも、それがあまりにひどかったので、内科で柵つきベッドに収容せねばならなかったほどであった。患者を病理解剖室から内科に移さねばならないなどということは、そう頻繁に起こるはずもないのだが。

状況によってはどうしても一種の滑稽さすら覚えることもある。私のある若い患者は、重症のてんかん持ちで、私は投薬によってその発作を押さえていた。しかし彼はその代わりに、いわゆる代替反応、すなわち躁狂発作を起こすようになった。彼が、当時まだ多くのユダヤ人が住んでいた第二区、レオポルトシュタットのローテンシュテルン通りのど真ん中に座り込んで、公衆の面前でヒトラーを誹謗し始めたときも、そのような躁狂発作のひとつだった。私はすぐに与えていた薬を止め、そのおかげで彼はまたてんかんの発作を起こすようになったものの、ヒトラーの誹謗という命にかかわる代替発作だけからは守ることができたのである。

安楽死への抵抗

ここでペッツルの話に戻ろう。彼は反ユダヤ主義者ではまったくなかったが、党員として

NSDAP〔ナチス党〕のバッジをつけて動き回っていた。けれども、彼は大きな勇気をもって私に対する信義を守り、他の人が私を訪ねることすらできなかった時でも、自分のできる範囲で私やユダヤ人の患者たちを助けてくれた。ユダヤ人病院の私のところへ来て、脳腫瘍の患者を大学外科病院に移す手続きを押し通してくれた。そればかりではない。彼と私たちは、ナチス当局によって組織された精神病患者の安楽死をわざとサボタージュしていたのである。

私は、ある時、ユダヤ人老人ホームに数台の柵つきベッドがあるのを発見した。ゲシュタポは、精神病患者の老人ホームへの収容を禁じた規則が守られているかを厳しく取り締まっていた。私は、老人ホームの経営陣を守るために、みずから首吊り縄に首をつっこむ思いで、統合失調症を失語症、すなわち「脳組織の病」と称し、うつ病は熱譫妄《ねっせんもう》、すなわち「本来の意味での精神病でない」病気にすり替えた診断書を書き、この条項をくぐりぬけていた。患者を老人ホームの柵つきベッドにいれることによって、統合失調症患者には非常の際は大っぴらにカルディアゾル・ショック療法[★42]を施したり、うつ病状態でも自殺の危険を避けることができた。

ペッツルは、それを聞きつけたらしい。なぜならペッツルの病院にユダヤ人の患者が入ると、老人病院に連絡をいれ「ユダヤ人患者がいるんですが、受け入れてくれますか」と急に問い合わせてくるようになったからである。慎重に、意識的に、一言でも精神病の診断となるような言葉は避けた。私の診断の魔術をかぎつけられてはならない。また、誰かが安楽死を意図的に怠っているなら、そのサボタージュを何ら妨害してはならない。こうして、ナチス主義者の家族には安楽死の犠牲者がでたが、それに反してユダヤ人の患者の多くがそれから免れることができたのである。これは、ペッツルなしには到底できなかったことであろう。

ある日、私は、ユダヤ教信徒団体の福祉司の女性とともにプルカースドルフ近郊へ、ある男女の患者を迎えに行った。二人はかつての世話人夫婦のもとで秘かに暮らしていたが、そこにいられなくなったということだった。帰り道、私はその福祉司の女性と一台のタクシーに乗り、その前を二人の患者をそれぞれ別々に乗せた二台のタクシーが走っていた。ヒーツィングに着いて、突然私は、一台のタクシーはわれわれの車の方向、すなわち老人ホームの方向に走っていったが、もう一台が左折したのに気がついた。

「一体どうしたんですか」と私は、福祉司の女性に尋ねた。

「あっ、そうでした」と彼女は答えた。「言っておくのを忘れてました。あの女性の方の患者は、ユダヤ教徒ではなく、いつか一度洗礼を受けているのです。老人ホームにはユダヤ教徒しか入れませんから、シュタインホーフへ送らねばならなかったのです。」

何という運命の別れ道であろうか！　真っすぐ行けば、命の助かる老人ホーム、左に折れ

★42〔カルディアゾルを注射して〕てんかんを人工的に引き起こすショック療法で、メドゥーナ〔ブダペストの医学者〕が一九三七年に提唱した統合失調症の治療法のひとつ。

れば、シュタインホーフ経由でガス室行きとは。かわいそうなこの女性が何年か前に何の理由あってか、とにかくユダヤ教を捨てたとき、誰がこんなことになると思っただろう。なにが死刑宣告になりかねないかを目の当たりにして、私は背筋に寒さを覚えた。

出国ヴィザ

アメリカ合衆国への入国を可能にする出国ヴィザをもらうのに、私は何年も待たねばならなかった。そしてついに、合衆国が参戦する直前になって、アメリカの領事館に出頭してヴィザの発行を受けるように、との要請書を受け取った。だが、ここで私は、ためらった。両親を置き去りにして行くべきなのか？　彼らにこの先どんな運命が待ち受けているかは、私にもわかっていた。強制収容所への抑留である。その彼らにあっさり別れを告げ、彼らをそんな運命にゆだねてしまってよいのか。ヴィザは私の分しか出ないのだ。

決心がつかないまま家を出て、すこし散歩しながら考えた。「今こそ神の思し召しが必要な典型的な状況ではないか」。家に帰ると、テーブルの上に小さな大理石のかけらのあるのが目に入った。

「これは何ですか」と、私は父に問いかけた。

「それか？　ああ、それは今日、焼き打ちされたユダヤ人教会の瓦礫《がれき》の中から拾って来たんだ。その大理石のかけらは、神の掟を刻んだ石盤の一部だ。興味があるなら、刻んであるヘブライ文字が十戒のうちのどの掟に関連しているか言ってやろう。この頭文字で始まる掟はただひとつしかないからね。」

「一体何ですか」と私は父に詰め寄った。

父は答えてこう言った。

「あなたの父と母を敬え。これは……この地で、あなたが長く生きるためである。」

こうして、私は「この地に」、両親のもとに留まった。そしてヴィザはふいにした。これが大理石のかけらの話である。

留まるという私の決心は、心の奥でとっくに固まっていて、このご神託は、実際には、良心の声がこだましたにすぎなかったのかもしれない。言い換えれば、それは投影テストだったのだ。人によっては、この大理石に$CaCO_3$（炭酸カルシウム）しか見いだせなかったかもしれない。たとえそうだったとしても、それはそれでやはり投影テスト、彼の実存的空虚の投影だったかもしれない……。

ここでなおひとつ触れておきたいことがある。その後まもなくのことであるが、精神療法の技術を使ったおかげで、私と両親の抑留を一年引き伸ばせたのである。ある朝、電話で起こされ、出るとゲシュタポ、秘密国家警察だった。これこれこの時間に彼らの指令本部に出頭せよというのである。私は聞いた。「下着をもう一組一緒にもっていた方がいいですか」。

「そうだ」との答えだった。それは、もう家に帰ることはなく、そのまま強制収容所送りになることを意味していた。そこへ出頭すると、一人のＳＳ〔ナチス親衛隊〕将校の尋問を受けた。彼は、スパイ活動をした後外国に逃亡した一人の男のことを詳しく聞き出そうとした。私は、名前は知っているが、接触はなかったと答えた。すると彼はさらに聞いた。

「あなたは精神科医だったな。広場恐怖症はどうやって治すんだ。いや、その――、友人に広場恐怖症の男がいてね。彼にどう説明してやればいいかと思って。」

私は答えた。

「彼にこう言いなさい。恐怖感が襲って来たら、いつもこう自分に言い聞かせるのだと。自分は怖い、道路で倒れるかもしれない。いいぞ、それこそ自分の望むところだ。私は倒れる、そして人が寄ってくる。いや、それどころではない。発作を起こすのだ。脳卒中とそれに心臓発作まで。それから、それから、という具合に。」

一言で言えば、私は彼に逆説志向のロゴセラピー技法をいかに適用すべきかを伝授したのであった、「彼の友達」のために。もちろんそれが彼自身の話だとは、とっくに見抜いていた。

それやこれやで、この（間接的な）ロゴセラピーは効果があったにちがいない。でなければ、私の年老いた両親と私がその後まる一年もウィーンに留まり、強制収容所に送られずに済んだことの説明がつかないであろう。

最初の妻ティリー・フランクル

ティリーとの結婚記念写真（1941年12月）

フランクル（左端）とアルプス会「ドナウラント」の仲間たち

フランクル（中央）とロートシルト病院の彼のスタッフ（1940年）

ティリー

ウィーンに留まることになって、私は最初の妻、ティリー・グロッサーと病院で知り合う機会も得ることができた。彼女はドナート教授の病棟看護婦だった。彼女がすぐに私の目を引いたのは、彼女が、その時の私には、スペインのダンサーのように見えたからだった。もともと二人が出会ったのは、私が一時つきあい始めてその後振ってしまった、彼女の親友の仇《かたき》を討つために、彼女が私の気を引こうとしたのがきっかけだった。私はすぐにその動機を見抜くと、面と向かって正直にそれを彼女に突きつけた。これがどうやら彼女に利いたようだった。

とはいえ、私たちの関係で特殊なところは、二人が一緒になった理由が、ふつう想像されるようなところには存在しないことである。すなわち、私は彼女が美人だから結婚したのではなく、彼女も私が「頭が切れる」から結婚したのでもないということで、二人ともそれが動機でなかったことを少なからず自慢に思っていた。

もちろん、私は彼女の美しさに惹かれなかったわけではないが、もっと私を惹きつけたのは彼女の本質だった。どう言えばいいのか、彼女のもって生まれた賢さ、巧みな、思いやりのある心配りとでも言おうか。その例をひとつ挙げよう。ティリーの母親は娘が病棟看護師であったために抑留から保護されていたが、いよいよある夜それが破棄されることになったのだ。ある日、抑留保護が親族には適用されなくなったとの知らせが届いた。その保護が切れる直前の、ちょうどティリーと私が彼女の母親を訪ねていたその日の真夜中前、ドアのベルが鳴った。しかし、誰もドアを開ける勇気がなかった。誰もが、抑留の召集だと思ったからであった。とうとう誰かがドアを開けると、ドアのところに立っていたのは、誰あろう――ユダヤ教信徒団体の使いの者だった。明日、抑留されたユダヤ人の家具の片づけの新任の手伝いとして出頭するように、ということだった。それと同時に、この使いは姑に、自動的に再び抑留保護が認められる旨の証書を手渡したのである。

使いが家を出て、私たち三人は再び一緒に座り、互いに顔を見つめ、輝かせた。口火を切ったのは、ティリーだった。何と言ったか。「んー、神様もなかなかやってくれるじゃない」。正直言って、今までにこの状況を叙述するのにこれほど適した神学を、そして特にこれほど手短な神学総論を聞いたことがなかった。

なぜティリーと結婚することにしたか？　それは、ある日、彼女がチェルニン通りにある私の（もしくは両親の）家で昼ご飯の準備をしていたときのことだった。電話が鳴り、私はロートシルト病院に緊急に呼び出されることになった。たった今、内科医が手放した睡眠薬中毒の患者が運び込まれたが、私の脳外科の腕前を試してみないかと言う。私は、コーヒーを沸かしている暇はなかったので、コーヒー豆を口にほお張り、それを咬み砕きながらタクシー乗り場に急いだ。

二時間後、私は家に戻った。せっかくの一緒の昼食は台なしだった。私は他のみんなはもう食事を済ましたものと思っていたし、実際両親はそうしていた。ところが、彼女は私を待っていて、帰って来た私にかけた最初の言葉は、「ああ、やっと帰って来たの。ごはん待ってたのよ」ではなく、「手術はどうだった。患者さんの具合はどう？」だったのだ。この瞬間、私はこの娘を妻にしようと決めた。私から見た彼女がどうこうだから、ということではなく、まさにそれが彼女そのものだったからである。

すでに強制収容所に入ってからのことであるが、私は彼女の二十三回目の誕生日に、そこで手に入れたごくささやかな贈物をした。そして、それに添えたカードにこう記した。「この君の記念日に、私は――自分に――望む、君が――君自身に――忠実であることを」。だがこれは、二重の矛盾であった。ひとつは、彼女の誕生日に、私が彼女のためではなく、私自身のために望んだこと、もうひとつは、彼女が、私に対してではなく、彼女自身に対して忠実であってほしいと望んだことである。

私たちが結婚したとき、われわれはもう一組とともに、ウィーンのユダヤ人でナチス当局から結婚を許された最後のカップルだった。その後ユダヤ人戸籍局はあっさり閉鎖されてしまったからである。ところで、そのもう一組のカップルとは、私の中学時代の恩師で、およそ二十年前に私が歴史の授業を受けたエーデルマン博士とその花嫁だった。

その後、公式にではないが事実上ユダヤ人には子供をもうけることが禁じられた――たとえ正式に結婚していてもである。今後は妊娠が確認されたユダヤ人女性は、真っすぐ強制収容所に送るように、という指令が出回っていた。同時に医師会にも、ユダヤ人の妊娠中絶には法的に何ら反対をしないように、との指示が出された。ティリーも、私たちの子供を生まれずに終わらせなければならなかった。私の著作『聞かれざる意味への叫び』☆31はこの子のために書いたものである。

ユダヤ教徒に囲まれて、天を意味するフパの天蓋の下で結婚式を挙げた後、二人は歩いて――ユダヤ人はタクシーに乗ってはならなかったので――写真屋まで行った。ティリーは白いベールをつけたままで。それから自宅に向かったが、その途中、近くの本屋のところで立ち止まった。ウィンドーに『私たちは結婚したい』という題の本を見つけたからだ。迷った末に、二人で店に入った。ティリーはもちろん花嫁のベールをつけたままであり、また二人ともユダヤの黄色い星をつけたままだった。おもしろいので、彼女に本を買わせることにした。彼女に「自己主張」させようと思ったのである。白い花嫁のベールをつけ、胸にユダヤの黄色い星をつけたままそこに立っていた彼女は、売り子の何にしましょうかという問いに、ほおを染めながら答えた。『私たちは結婚したい』を、と。

私たちの結婚記念写真は、戦争が終わってからも役に立つことがあった。私は、第二次大戦後、学会で講演をするために外国へ行くことを占領軍から許された最初のオーストリア人であった。学会はチューリッヒで開かれた。国境では、滞在ヴィザがもらえるかどうかすら確かではなかった。いずれにしろ、私はスイスのお金をもっておらず、泊まり先の人に駅に迎えに来てもらわねばならなかった。その泊まり先とは、私の最初の妻の兄グスタフがスイスに亡命していたときに暮らしたある家族のところであった。インスブルックからチューリッヒに電報を打って、目印に、コートのボタン穴に強制収容所連盟のバッジである赤い逆三角をさしておくと伝えた。

チューリッヒでは待てど暮らせど、私を迎えてくれる人は現れなかった。誰も声をかけてくれない。やがてホームは、それはチューリッヒ・エンゲの駅だったのだが、人っ子一人いなくなった。その時、霧の中から一人の女性の姿が現れ、ゆっくり、いくぶん戸惑いながら私に近づき、手に持っていた写真と私を何度も見較べた。

「フランクル博士でいらっしゃいますか」と彼女は私にたずねた。その時、彼女が幸いにも私と花嫁姿のティリーの写っている結婚記念写真を持っていることに気づいた。もしそうでなければ、私が私であることに彼女はけっして気づくことはなかったであろう。

なぜなら、駅には赤い逆三角をボタン穴につけた人がうようよしていて、とてもどれが

☆31　*The Unheard Cry for Meaning, Psychotherapy and Humanism.* 一九七八年。この書の冒頭には「生まれざる子、ハリーあるいはマリオンのために」と記されている。

「ドクター・フランクル」か彼女にはわからなかったであろうから。よりにもよってこの晩、冬の募金運動が始まり、差し出された募金箱にお金を入れた人には、募金の印に赤い逆三角がつけられたのだ。しかもこの三角の方が私のよりずっと大きく、ずっと目立ったのである。

強制収容所

結婚式の九ヵ月後、私たちはテレージエンシュタットの収容所にいた。そしてその二年後、ティリーは移送を免れることになった。弾薬の製造に重要な雲母工場で働いていたからである。一方、私は「東への」移送、すなわちアウシュヴィッツ行きを命じられた。彼女をよく知る私には、彼女がどんなことをしてでも私と一緒に行こうとするであろうことがわかっていた。それで私は彼女に、私と一緒の移送に名乗り出たりしないように、とはっきり、厳しく言って聞かせた。それに、移送に名乗り出ることは、かえって危険であった。軍備に重要な生産活動のサボタージュとも取られかねなかったからである。だが、それにもかかわらず、彼女は私に黙って自ら移送に名乗り出た。そして、なぜだかわからないが、それが許可されたのである。

移送中、彼女は彼女らしさを存分に発揮した。始めはパニック状態で、「見てなさい。私たちアウシュヴィッツ行きよ」と私にささやいたりしていた（その時は「アウシュヴィッツ行き」は誰にも予想できなかった）。ところが突然、彼女は詰め込められた車両の中で乱雑に転がっている荷物の整理を始め、他の人にも手伝うように求めた。突然彼女は、すっかり冷静になったのである。

アウシュヴィッツでともに過ごした最後の数分間、彼女は外向きには明るくしていた。別れの直前、彼女は私に、持っていた時計（私の記憶では目覚ましだったと思うが）を踏みつけて壊し、SS〔親衛隊〕将校の手に入らないようにしてやった、とささやいた。彼女はそのささやかな勝利を楽しんでいるかのようだった。そして男女が別々にされる時がきた。私は、本当に自分の言いたいことが伝わるように、強く言い聞かせるように彼女に言った。「ティリー、どんな犠牲を払っても生き延びるんだぞ。わかるか。どんな犠牲を払っても！」

私が言いたかったことは、もしも性的に〔親衛隊の〕言いなりになることで自分の命が救えるような状況になった場合には、私のことを考えて躊躇してはならない、ということであった。いわばこのような免罪を彼女にあらかじめ与えておくことによって、彼女が貞節を守って死に至ることに私自身が加担することがないようにと思ったのである。

のちにバイエルン州のテュルクハイムで解放された直後、野原を歩いていたとき、同じく解放されたばかりの一人の外国人労働者と出会った。彼は、会話の間ずっと、何か小さな物を手の中でいじくり回していた。

「それは一体何だい」と私は聞いた。

彼が手を開くと、小さな金の地球儀が見えた。大洋には青い七宝が塗られ、赤道を巡る金の輪には文字が刻まれている。「世界全体は愛を中心に回る」。それは、ペンダントだった。だが、ただのペンダントではなかった。それは、二人で初めて一緒に祝ったティリーの誕生日に私が贈ったものと同じものだった。同じペンダント、いやまさしくあのペンダントではないか。まずそれに間違いない。なぜなら、それを買ったとき聞いた話では、ウィーンに二つしかないと言っていた。そしてテュルクハイムのすぐそばのバート・ヴェリスホーフェンの倉庫で、まずアウシュヴィッツから来たものとしか思えないSS部隊の宝石類が大量に見つかっていた。私はその男からその宝石を買い取った。一ヵ所小さな凹みがあったが、相変わらず世界全体は愛を中心に回っていた。

この関連でもう一言触れておこう。再びウィーンに戻ってきた最初の朝、それは一九四五年の八月のことだったが、ティリーがベルゲン＝ベルゼンで亡くなったことを知った。しかも、それはイギリス軍による解放の後だったという。そこでは、まず一万七千人の死体が発見され、その後六週間のうちにさらに一万七千人の死者がでたという。ティリーはその後者の中の一人だったに違いない。うわさでは、夜ジプシーたちが死体の一部をナベに入れ、野営の焚き火で煮ていたそうだ。主に肝臓だったと言う。それから数週間、私はジプシーたちがティリーの肝臓を食べている強迫観念に悩まされた。

アウシュヴィッツ駅で「選別」をしている悪名高きメンゲレ医師
(アウシュヴィッツ記念館提供)

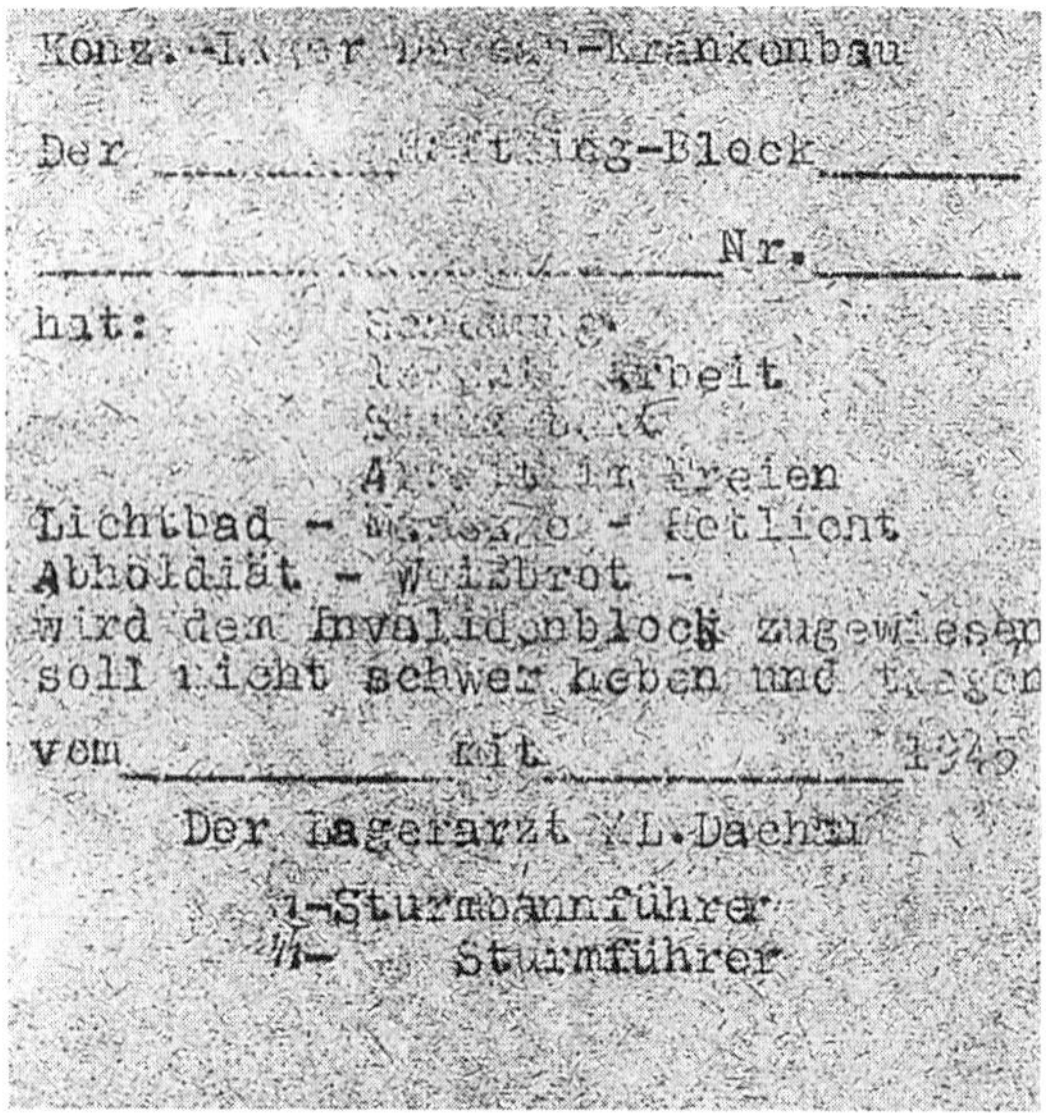

Konz.-Lager Dachau-Krankenbau

Der ________ Häftling-Block ________

________________ Nr. ________

hat: Schonung
Leichte Arbeit
Stubendienst
Arbeit im Freien

Lichtbad - [illegible] - Rotlicht
Abhöldiät - Weißbrot -
wird dem Invalidenblock zugewiesen
soll nicht schwer heben und tragen

vom ________ mit ________ 1945

Der Lagerarzt KL. Dachau

SS-Sturmbannführer
SS- Sturmführer

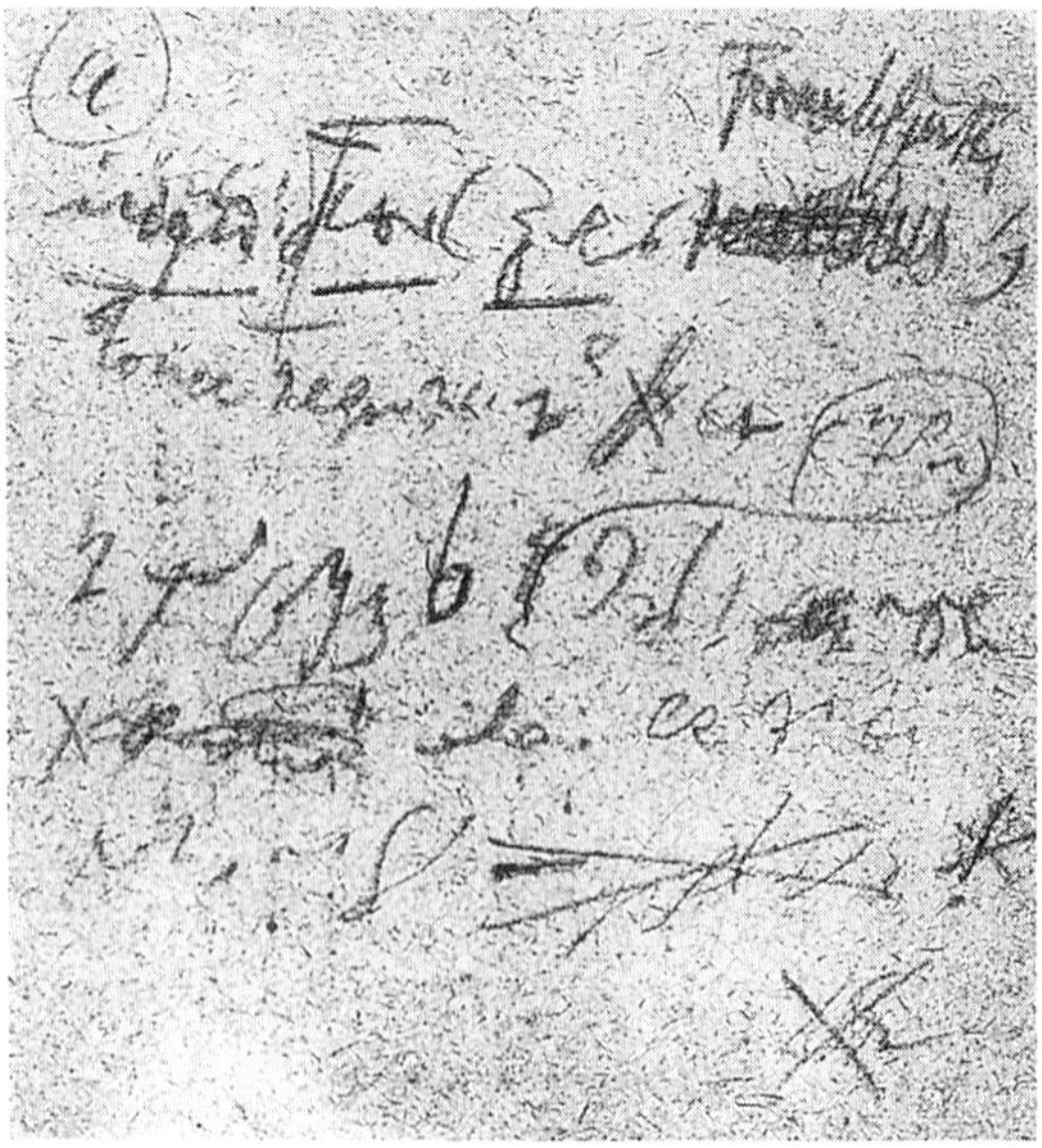

ナチス親衛隊の用紙（上）の裏面（下）に走り書きされたキーワード
（アウシュヴィッツで喪失した『医師による魂の癒し』の草稿を再構成するためのもの）

カウフェリング第3強制収容所の焼け焦げた囚人の遺体
(この収容所は戦争終結時に逃亡前のナチス親衛隊によって放火された。
写真はこの収容所を解放したアメリカ軍将校の手になるものである)

強制収容所で亡くなったフランクル家の家族の慰霊のために刻まれた墓碑

抑留生活

私の抑留の時期に話を戻そう。いよいよ状況が緊迫化し、両親とともに移送されるのも今日か明日かと覚悟を固めていたとき、私は腰を落ち着けて、私の『医師による魂の癒し』の初稿を書いた。たとえ私が死んでも、せめてロゴセラピーのエキスだけでも生き延びてほしいと思ったからである。

いよいよアウシュヴィッツに送られる時が来て、私は草稿をコートの裏地に縫い込んだ。もちろんそれは喪失した（戦後になって初稿の写しが出て来たが、その時は第二稿が完成した後だった。それに、アウシュヴィッツ収容所に送られる以前に私が書き加えた多くの加筆部分ももちろん見つからないままだった）。アウシュヴィッツに着いたとき、私はすべてを投げ出さねばならなかった。衣服はおろか、最後に残ったわずかな所有物も。その中には、私が一番誇りに思っていた、登攀ガイドであることを証明するアルプス会「ドナウラント」のバッジもあった。

アウシュヴィッツに移送される前の、テレージエンシュタットにいたときのことをもうひとつ述べておこう。「模範的なゲットー」だったテレージエンシュタットと反対に、正真正銘の強制収容所がどんなものかを、この収容所の付属施設であった、通称「小要塞」と呼ばれた強制収容所であらかじめ味わわせてもらった。わずか数時間そこで仕事をしただけで、私は大小三十一箇所もの傷を負って、自分のバラックにウィーンのチンピラやくざの一人に引きずられながら帰って来た（この男のことは後でもう一度触れたい）。テレージエンシュタット収容所の通りで、ティリーが私に気づいて駆け寄った。

「なんてことでしょう。一体何をされたの。」

バラックでは、彼女が包帯を巻き、手当をしてくれた。さすがプロの看護師だ。夜になると、なんとか気を紛らわせようと、彼女に別のバラックでおこなわれる半公式の催し物に連れて行ってもらえるまでになっていた。そこでは同じ抑留者であるプラハの有名なジャズ奏者が、遅かれ早かれテレージエンシュタット収容所にいるユダヤ人の非公式な国歌となるであろう「僕のそばで幸せに」という曲を演奏したのだった。

午前の筆舌に尽くしがたいような拷問と、夜のジャズとのコントラストは、美しさと醜さ、人間性と非人間性といったあらゆる矛盾をそなえもつ、われわれ人間の実存の姿を典型的に示すものであった。

アウシュヴィッツ

私はこれまで、アウシュヴィッツ駅でおこなわれた最初の選別の際に起こったことについて公表をさし控えてきた。それはほんのちょっとしたことなのだが、それを公表しなかった理由は、あれはもしかしたら自分の思い込みだったのではないか、と今日まで確信が持てなかったからである。

それはこういう話である。メンゲレ博士は、私の両肩を私から見て右の、生き延びられる人たちの方にではなく、左のガス室行きの人たちの方に向けた。しかし、私の前にいたそこへ送られるべき人たちの中に知り合いがいなかったのと、逆に何人かの若い同僚が右に選別されたことに気づいたので、私はそのまままっすぐに進まずに、メンゲレ博士の背後を回って右側についたのである。一体、どうしてそんなことを思いついたのか、そしてどこからそんな度胸が出たのかは、神のみぞ知るである。

もうひとつ、ドイツ語圏ではまだ公表していない話がある。私の申し分のない衣服に代わって、明らかにガス室で死んだ人のらしい、古い、ぼろぼろに擦り切れたフロックコートを受け継がねばならなかった。ポケットには祈禱書から破り取った一枚の紙が入っていて、そこにはヘブライ語で書かれたユダヤの主祈禱文、「イスラエルのシェマ」[☆32]が読み取れた。この時私は——英語で書いた本の中で述べたことであるが——次のように自問した。私はこの「偶然」をどう解釈すればよいのだろうか、自分がこれまで書いてきたことを今こそ生きよという要求のほかに、どんな解釈ができようか、と。それ以来、この祈禱書の一頁を、すでになくしてしまった本の草稿と同じくらい大事に衣服の中に隠し続けた。ところが、今考えても、ふと気味悪くすらなるのは、本の草稿を思い出しながら書き付けたメモは自由の身となったとき一緒に持って出られたのに、祈禱書の紙はどうしたことか解放されたときには急に行方不明になってしまったことである。

先に、チンピラやくざのことを述べた。アウシュヴィッツで、彼は、他の多くの犯罪者がそうであったように、監視員《カポー》☆33になった。そして、アウシュヴィッツでこんなことが起こった。私は「搬出」される百人のグループの百番目の人間に入れられた。その時突然、先のチンピラが別の所にいた囚人めがけて突進し、彼に殴打を食らわせ、靴のかかとで蹴って百人の男たちの列に押し込み、私をグループの中からはじき出した。彼は、その囚人を口汚く罵ると、あたかもその男がそこから逃れようとして、私をグループの方に押し込んだかのように振る舞った。その時何が起こったかに私が気づいたときには、百人の男たちはすでにその場を立ち去っていた。このチンピラ、いわば私の庇護者は、この人たちがガス室か、もしくは大きな生命の危険を伴う移送を目前にしていることを聞きつけたに違いなかった。彼のおかげで命が救われたのだと、私は確信している。

その後、カウフェリング第三収容所でも、後のミュンヘンのテレビ俳優、ベンシャーに命を救われたことがある。私は彼から、一本のたばこと引き換えに、具はないが、燻製肉の匂いのするスープをもらった。そのスープをすすっている間、彼は私を説得し、懇願するように言った。当時の私の悲観的な気分を絶対克服しなければならない、と。私と同じく他の囚人たちも抱いていた、この根本気分は、どうしても自己放棄へ、そして遅かれ早かれ死へとつながっていくものだったからである。

その後、テュルクハイムで発疹チフスにかかったとき、私は死にそうになった。たえず私は、もう自分の本が出版されることはないだろう、ということばかり考えていた。しかしついにあきらめの境地に達した。私は思った——それが人生にとってどうだというのか、人生の意味が、本が出るか出ないかにかかっているとでもいうのか、と。アブラハムも自分の一人息子をいけにえに捧げようと覚悟したときに、雄羊が現れたではないか。私は、自分の精神的な子供を犠牲にしようという境地に自分を持って行くしかなかった。そのおかげでやっと、自分があの本——すなわち『医師による魂の癒し』——を出版するに値する人間と認め

☆32 ユダヤ教で、毎日朝と夕の礼拝で朗詠される祈り。「聞け、イスラエルよ、主なる我らの神は唯一の主なり。汝心をつくし、生命をつくし、思いをつくし、力をつくして主なる汝の神を愛すべし」で始まる。

☆33 カポーとは強制収容所の、自らも囚人である監視員。

られたのであろう。
どうにか発疹チフスを乗りきったとき、特に夜中に特殊な呼吸障害が起こるようになり、痛みのために息もできなくなるほどだった。私はすっかり絶望し、夜中にもかかわらず、やはり囚人で収容所の主治医だったハンガリーの同僚、ラッツ博士を彼のバラックに訪ねようとした。あの時のぞっとするような体験は忘れようにも忘れられない。私と彼のバラックとはおそらく百メートルは離れていたであろう。その間を漆黒の闇のなかでアザラシのように這って行かねばならなかった。というのは、夜間にバラックを出ることは禁じられていたからである。監視塔の兵士に気づかれれば、機関銃で蜂の巣にされることを覚悟しなければならなかった。窒息死か、それとも射殺か、二つの死に方のいずれかを選ぶしかなかった。

私は、高校卒業試験の夢は一度も見たことがないが、強制収容所にいる夢はいまだによく見る。どうやら強制収容所は、まさに私の卒業試験だったらしい。私は強制収容所に行く必要はなかった。それを逃れて、早いうちにアメリカへ亡命することもできたのだ。アメリカでロゴセラピーを発展させることもできたし、その地で自分のライフワークを完成させ、生涯の課題を果たすこともできたのだ。だが、私はそうしなかった。そしてアウシュヴィッツに行くはめになった。それは、まさに「十字架の試練」であった。この数年来私が強調している、人間が本来有している根源的能力、つまり〝自己超越〟と〝自己距離化〟の能力は、強制収容所で実存的に検証され、正当性が証明されたものである。この体験は、その広い意味においては、アメリカの精神医学で言われる「生存価値」(survival value) を証明するものであった。この「生存価値」は、私の言う「意味への意志」であり、また自己超越——すなわち人間存在が自分自身を超えて、もはや自分ではない何ものかに達すること——を意味する。〝他の条件が同じならば (ceteris paribus)〟、未来に向かって方向づけられている人々、つまり将来果たすべき意味によって待たれている人々の方が容易に生き延びることができたのである。それぞれ海軍と陸軍の精神科医であったナルディーニとリフトンは、これと同じことを日本と北朝鮮の捕虜収容所で確認している。

私自身について言えば、失った草稿を再構成しようという決意が、明らかに私を生き残らせたのだと確信している。その作業に取りかかったとき、私は発疹チフスにかかっていたが、血管虚脱で死なないために、夜も寝ないでいることにした。私の四十歳の誕生日に、四人仲間の一人が、ちびた鉛筆一本とごく小さなナチス親衛隊の用紙数枚をどこからかかき集めてきてくれた。私は、高熱にうなされながら、その裏面に速記でキーワードを走り書きしていった。それを助けに、『医師による魂の癒し』を再構成しようと思ったのである。

このメモは、後に自分の計画を実行に移して、私の最初の本の第二回目の草稿を書く際に実際非常に役に立った。ただ今度は、自分の理論に——それがアウシュヴィッツのような限界状況ですら妥当するという——具体例を添えて証明する分が付け加わっただけである。この「強制収容所の心理学」という追加の章は、すでにその現場で準備されていたわけである。それがどのようにしておこなわれたか。このまさに自己距離化のお手本とでも言うべきものを、オランダのライデンで開催された第一回国際精神療法会議で打ち明けたことがある。——

「私は、私たちを取り巻いていたすべての苦悩を客観化しようと試みることによって、その苦悩から距離をおく努力を繰り返しおこないました。そこで思い出すのは、ある朝、収容所を出て行進を始めたものの、空腹と寒さ、そして靴をきちんと履けないほど飢餓水腫で腫れ上がり、凍傷になり化膿した足の痛みにもはや耐えられなくなったときのことです。自分の状況が、慰めようも希望の持ちようもないように思えました。その時、私はこんなことを思い浮かべてみたのです。——私は、とある大きくて立派な、暖かく明るい講堂の演壇に立ち、今まさに、熱心な聴衆を前にして『強制収容所における精神療法上の体験』(後に実際、私はこの題で学会で講演をおこなった★43)という題で講演を始めようとしているのだ、そして、たった今自分の体験していることをそのまま話すのだ、と。そんなことを思い浮かべてみたのです。さて皆さん、信じていただけるでしょうか。いつの日か、そんな講演を本当におこなうことが私に許されるとは、その瞬間には望むことすらできなかった、ということを。」

三年間で、私はテレージエンシュタット、アウシュヴィッツ、カウフェリング第三、そしてテュルクハイムと四つの強制収容所を体験した。私は生き延びたが、家族には(妹を除くと）――リルケの言葉を借りれば――主がそれぞれに自身の死をお与えになった。私の父は、テレージエンシュタットの収容所で、文字通り私の腕の中で息を引き取り、母はアウシュヴィッツでガス室に送られた。また兄は、私の聞いたところでは、アウシュヴィッツの支部収容所に送られ、鉱山でなくなったらしい。

少し前に、昔からの友人であるエルナ・フェルマイヤーが私にひとつの詩を送ってきた。それは、私が一九四六年に処方箋に書き留め、彼女に渡したもので、当時の私の心情を映し出している。

なんと重く私にのしかかることか、逝った私の人々よ
お前たちは、声なき義務として私を取り巻く
お前たちのために生きよと。だから、いま私は
殲滅がお前たちにしたことをあがなわねばならぬ
太陽のあらゆる輝きの中でお前たちのまなざしが
言葉を求めているのがわかるまで
すべての木々の花の中に住む死者が

★43　会議報告書、シュトレングホルト、アムステルダム、一九五三年。

私に手を振っているのに気づくまで
すべての鳥のさえずりに、お前たちの声を
聴き取るまで
私にあいさつしたいのか、それとも、
私が生き残ったことを許すと言いたいのか。

テキサス州の州都、オースティンの市長が、私を名誉市民に任命したとき、私は次のように答えた。

「本当を言えば、市長が私を名誉市民に選ばれるのは、適当ではありません。むしろ、私が市長を名誉ロゴセラピストに任命すべきでしょう。なぜなら、テキサス出身の、その中にはこの町の方も多かったことでしょうが、その多くの若者たちが自らの命をかけ、また捨てて、私や多くの他の人々をテュルクハイム強制収容所から解放して下さらなかったら、一九四五年以降、ヴィクトール・フランクルも、そしてそのロゴセラピーも存在し得なかったからです。」

市長の目には、涙が浮かんでいた。★44

解放された後、私は再びウィーンに帰ってきた。何度も繰り返し同じ質問を聞かされた。

「ウィーンでは、あなたもご家族も、あまりひどいことはされなかったのですか」。父は、テレージエンシュタットの収容所で死んでいったではないか。母はアウシュヴィッツでガス室に送られ、兄もアウシュヴィッツで死に、私の最初の妻も二十五歳でベルゲン゠ベルゼンで死んだのだ。しかし私は、反対にこう問い返すことにした。「誰が私にどんなひどいことをしたというんですか」。ウィーンには、あるカトリックの男爵夫人のように、命がけで私のいとこを何年も自宅に匿《かくま》ってくれた人がいたし、またある社会主義者の弁護士は、ほんの表面的な知り合いでしかなかったのに、私から何も受け取らずに、可能な時はいつも、ひそかに私に食べ物を持ってきてくれたのである（それは、後の副首相ブルーノ・ピッターマンで

★44　以下に、ロバート・C・バーンズの手紙を引用する。（彼は、アメリカのヴィクトール・フランクル・ロゴセラピー研究所の所長で、第十回ロゴセラピー国際会議（ダラス、テキサス州、一九九五年）の座長を務めた人物である。）

「ワシントンの国防総省（ペンタゴン）を通じて、あなたをテュルクハイム強制収容所から解放した、テキサスの陸軍連隊の生存者を探し出す計画に参加しました。もし、あなたがこの会議にご出席いただければ、その場でその兵士たちの何人かと再会できるよう準備できるのではと、願っておりましたのに。私たちは、あの記念すべき日に、強制収容所のゲートを二番目にくぐった兵士がその時身につけていた軍服を見つけ出すことができ、それを今私たちは所有しています。彼の未亡人が、その陸軍の軍服を提供してくれたのです。彼の名はバートン・T・フュラー伍長と言います。」

もし私が病気のために行けなかったこの会議に参加していたら、軍服の前にひざまずき、それに口づけしていたことであろう。

ある)。だから、ウィーンに背を向けるどんな理由があろうか。

〝共同責任〟について

〝共同責任[☆34]〟ということを言う人は、その人自身誤りを犯しているのである。私は、事あるごとに、共同責任に反対の立場をとってきた。強制収容所のことを書いた私の本――その英語訳は合衆国だけで九百万部以上読まれている――の中で、私は次のような話を紹介した。「私が解放されるまでいた最後の収容所の所長は、ナチス親衛隊員だった。しかし収容所からの解放後、それまで収容所の医師(彼自身も囚人だった)しか知らなかった事実が明らかになった。すなわち、所長は自分の財布からかなりの金額を出して、近くの市場町の薬局で囚人のための薬を買いに行かせていたのだった。

この話には、後日談がある。解放された後、ユダヤの囚人たちがこのナチス親衛隊員をアメリカ軍から匿《かくま》い、その指揮官に対し、このナチス親衛隊員に指一本触れないという条件でなければ、彼を決して引き渡さないと宣言したのである。これに対して、アメリカ軍の指揮官は将校の名誉にかけてそれを誓約した。そこでユダヤの囚人たちは、このかつての収容所指揮官を彼の前に引き出すことにしたのである。アメリカ軍の指揮官はこの親衛隊員を再び収容所の責任者に任命した。そして、彼は私たちのために、周辺の村々から食べ物や衣服を調達する仕事を組織したのである。」

一九四六年、私がしたように、共同責任に反対したり、ましてやナチスのために肩入れするのは、あまり受けのいい行動ではなかった。しょっちゅう、いろいろな組織団体からお目玉を食らった。当時私は、ヒトラー青年団の勲章をもっていた同じ専門の同僚を家にかくまっていた。彼から聞いた話では、国家警察に追われており、捕まると「人民裁判」にかけられ、無罪か死刑判決のどちらかしかないのだと言う。このようにして私は彼を当局の追跡から守った。

一度私は——それは一九四六年のことだった——フランス占領軍の司令官だった将軍のいる前で共同責任に反対したことがある。それはフランス占領地区でおこなわれた講演会の席上でのことであった。次の日、かつてナチス親衛隊員であった大学教授が私を訪ねて来て、目に涙を浮かべながら、よりにもよってなぜこの私が、公の場で共同責任に反対するというような勇気を奮い起こす気持になったのかと聞いた。「あなたならできません」私は答えた。「あなたが口を開けば、自分の立場を守ることになるでしょう。しかし私はかつての囚人一一九一〇四番です。だからこそ私には、それができるし、またそれをせねばならないのです。そういう私の言うことならば人も信じるでしょう。これはまさに義務なのです」。

☆34　例えば、ナチスの残虐行為はドイツ人全体の責任であるとする考え方。

IV 〈意味〉へのたたかい

ウィーンのプラター公園で
(アメリカの人気写真家アルフレッド・アイゼンシュテットの撮影)

第9区にあるウィーン・ポリクリニック

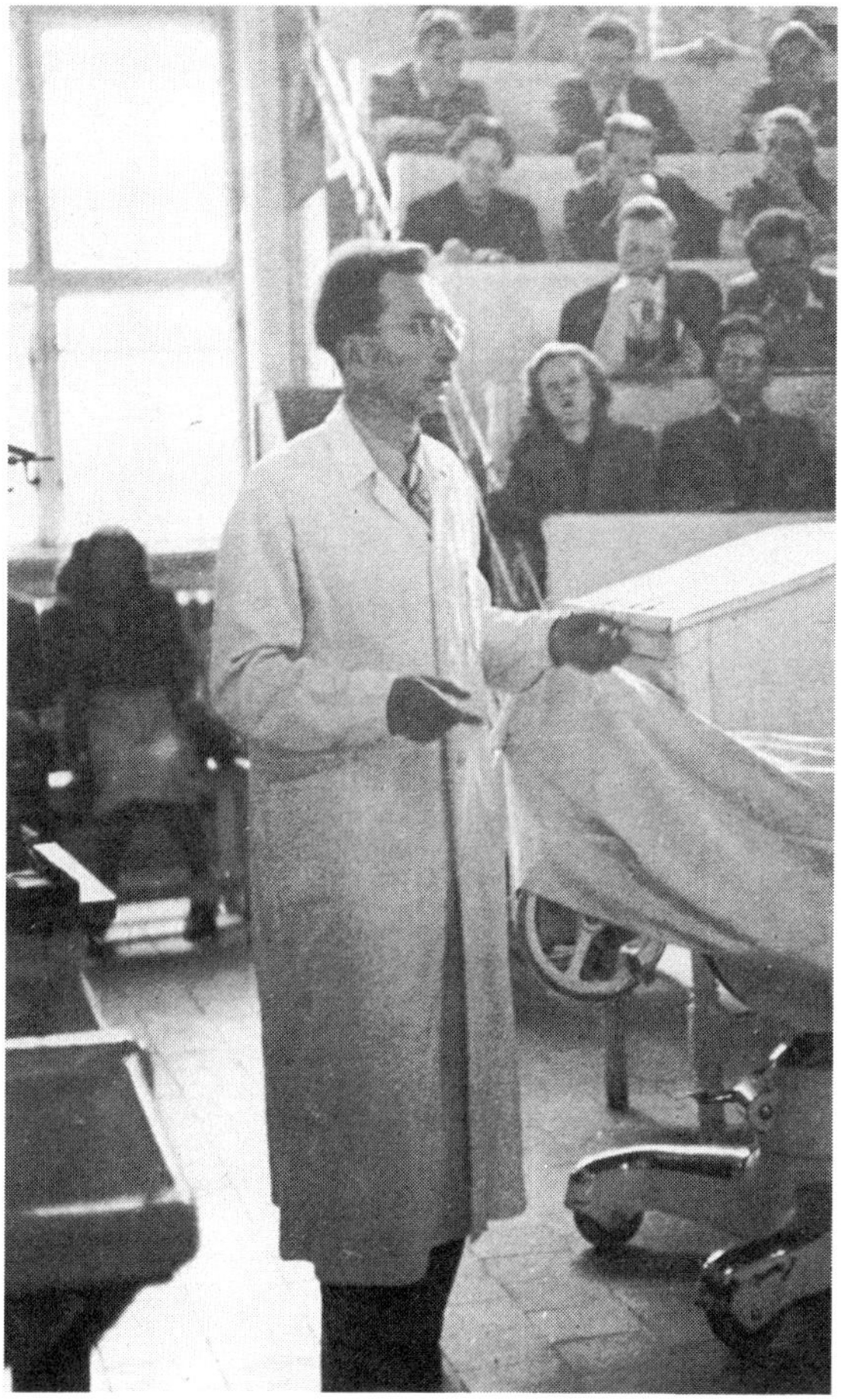

ポリクリニックの講堂での講義風景

『一心理学者の強制収容所体験』初版の表紙絵
(絵はフランクル自身の体験から構想された)

講義中のフランクル

フランクル（1946年）

ウィーンへの帰還

まだ強制収容所にいるときから、もしいつか再びウィーンに戻ることができたら、すぐにでもペッツルの世話をしようと自分の心に言い聞かせていた。だからウィーンに着いてまっ先に行ったのは、彼のところだった。その前に私の最初の妻がなくなったことを知らされていた。なじみの恩師に会って、私は初めて人前で心から泣いた。しかし、彼を助けることは私にはできなかった。その同じ日に、かつてのナチス党員として、彼は撤回不可能の免職になったのである。それにもかかわらず彼はむしろ、他のすべての私の友人たちとともに、私の命を気づかってくれた。彼は、私が自殺するのではないかと心配したのである。ピッターマンは、無理やり私に白紙の書式に署名させ、後でそれをウィーン神経科ポリクリニックの空きポストへの願書に書き変えた。かくして、それからの二十五年間、私はこの病院の部長を務めることになったのである。

ウィーンにかえって間もないある日、私は友人のパウル・ポラックを訪ね、私の両親、兄、そしてティリーの死を報告した。今でも覚えている、私は突然泣き出して、彼に言った。「パウル、こんなにたくさんのことがいっぺんに起こって、これほどの試練を受けるのには、何か意味があるはずだよね。僕には感じられるんだ。あたかも何かが僕を待っている、何かが僕に期待している、何かが僕から求めている、僕は何かのために運命づけられているとしか言いようがないんだ。」

それで私の心は少し安らいだ。そしてこの時期、私をこれほど理解してくれた者は、たとえ口をきかなくても、あのパウル・ポラック以外になかったであろう。

ペッツルの後任として大学病院精神神経科部長になったオットー・カウダースは、私に『医師による魂の癒し』の第三稿つまり最終稿を書いて、教授資格を取得するように奨めてくれた。それは、私にとって唯一意義の見いだせる仕事であった。私はそれに没頭した。私は、猛烈に口述しまくった。速記文字で書き取り、それをタイプでふつう文字に書き換えるのに、速記タイピストが三人がかりで取り組まないと追いつかないほどであった。それほど多くのことを、私は毎日心情を吐露するように口述したのである。部屋には暖房もなく、ほとんど家具もなかった。窓にはガラスの代わりにボール紙がはってあっただけだった。まるでほとばしり出るように私の口から言葉が飛び出した。口述中、私は部屋を行きつ戻りつしながら、時折、自分自身のことを思い出しては、疲れきって安楽いすに崩れ落ちた。涙がとめどもなく溢れ出た。それほど私の心は、しばしば痛いほどの明確さで私を凌駕する自らの思いに捕らわれていたのである。堰は切って落とされた……。

一九四五年にはもう一冊、強制収容所の本を九日間で口述した。この本は後にアメリカで何百万部と販売されることになった。口述中、私は、気兼ねなく自分の考えを述べるためにも匿名で出版しようと決心していた。だから初版のカバーには私の名前すら載っていない。この本の内容を保証するためにも自分の名前を出すべきだ、と友人たちが説得したときには、本はとっくに印刷所に回っていた。だが最終的には、この彼らの主張と勇気を出せという訴えから逃れるわけには行かなくなった。

考えてみれば、奇妙なことである。私の本の中でよりにもよって、匿名で出るのだから決して自分の手柄にはなりえない、とはっきり意識して書いたまさにその本がベストセラー、アメリカでも通用するベストセラーになったのだから。この本は、アメリカの諸大学から五度も「ブック・オブ・ザ・イヤー」に選ばれ、またたいていの大学で「必読書」に指定されている。

カンザス州のベイカー大学では、三年間の全カリキュラムがこの英語版のタイトルである「人間の意味探究」というテーマに焦点を当てて構成されている。あるトラピスト修道院では、昼食の際に食堂で、しばらく私の本が朗読されていたし、あるカトリック教会でも、日曜ミサの中で同じ朗読がおこなわれていた。また、自分たちの大学の女子学生のために私の本の引用をしおりに印刷させた修道女たちや、自分の哲学の学生たちに「もしソクラテスとフランクルが一緒に囚われていたら、どんなことを話しただろうか」というテーマで論文を書かせた大学教授もいた。

アメリカの若者たちが私の本をどれほど敏感に受けとめてくれたことか。それにはまさに心を動かされる思いである。この彼らの感受性を説明するのは、容易なことではない。私の本に序文を書いてくれたゴードン・オールポートの勧めで、この本のアメリカ版には第二部・理論篇としてロゴセラピー入門が付け加えられた。これは、強制収容所の体験報告から得られた理論的なエキスであり、第一部の自伝的描写がその実存的な例証になっている。この本では二つの部分が互いに対極にありながら、しかも両者が相乗し合うような構成になっている。

これが、ある面では、この本に効果的に作用したのかもしれない。しかし、それだけではない。かつて、この本をある人に献呈したとき、私は次のように記した。「自らの血でもって書くことは容易ではない。しかし、それでこそ、よいものが書けるのである」と。サンフランシスコ近くの悪名高きサンクエンティン刑務所の囚人の一人も、囚人たちで編集している『サンクエンティン・ニュース』に載せたこの『人間の意味探究』の書評の中で、「フランクルが書いていることには、まさに彼の生き方がそのまま表れている」と書いている。

今でもこの本が、組織や団体の肩入れがなくても自力でその道を切り開いて行っているのを見ることは、喜ばしく、勇気づけられる思いがする。これが出版社まかせであったとすれば、この本は出版されることすらなかっただろう。これが実現したのは、ただただオールポートの尽力の賜物である。そして、その時ですら、ペーパーバックの版権はたった二百ドルで売り渡されたのである。さらにそれが出版社から出版社へと売り渡され、そして最後の出版社が大儲《もう》けすることになった。本には本の運命がある。前述の『医師による魂の癒し』について言えば、アメリカ政府から委任された代表団が翻訳価値のある本を指定するために戦後初めてヨーロッパを訪れた際、オーストリアで唯一リストに載せられることになった。

　ヨーロッパの出版社が私の本を出版するときですら、面白いことになる場合がある。ある日、ポルトガルの出版社から手紙が来て、さきの『人間の意味探究』をポルトガル語に訳して出版したいという。私は、数年前に同じ出版社がすでに出していることを教えてあげるしかなかった。私のポルトガル語の本のことが出版社自身の耳にも届かないほど話題にならなかったことを、この出版社は私にご教示くださったわけである。ノルウェーでは、ある日手紙で、残念だが私のある本をノルウェー語では出版できないと伝えて来た出版社があった。しかし、この会社はすでにそれを出していた。しかもその数年前に。

　アメリカの出版社には国の助成金が約束されていたので、出版社が経済的なリスクを負う必要はまったくなかった。にもかかわらず、この本に手を出す出版社が現れたのは十年後のことで、ニューヨークの一流出版社クノプフ社だった。そして商売としては、後悔せずに済んだはずである。私が一九四五年に最初の二冊の本の原稿を手渡したとき、それらが外国であれほどの成功を収めるとは夢にも思わなかった（私の本は全部で二十四ヵ国語に翻訳されていて、その中には日本語、中国語、韓国語も含まれている）。しかし、これまで私に与えられた喜びの中で最も大きかったものは、何と言っても『医師による魂の癒し』の最終稿を腕に抱えて、初めて私の最初の出版社、フランツ・ドイティケへ赴いたときである（これはフロイトの最初の出版社でもあった）。

　これによってウィーン第三学派であるロゴセラピーが確立された。J・B・トレロの言葉を信じてよいとすれば、精神療法史における最も新しい包括的体系である。事実、私はできる限り明快な表現を心がけ、水晶のごとく、その背後に輝いている真実がなるべく透けてよく見えるよう、表現にしっかり磨きをかけた。

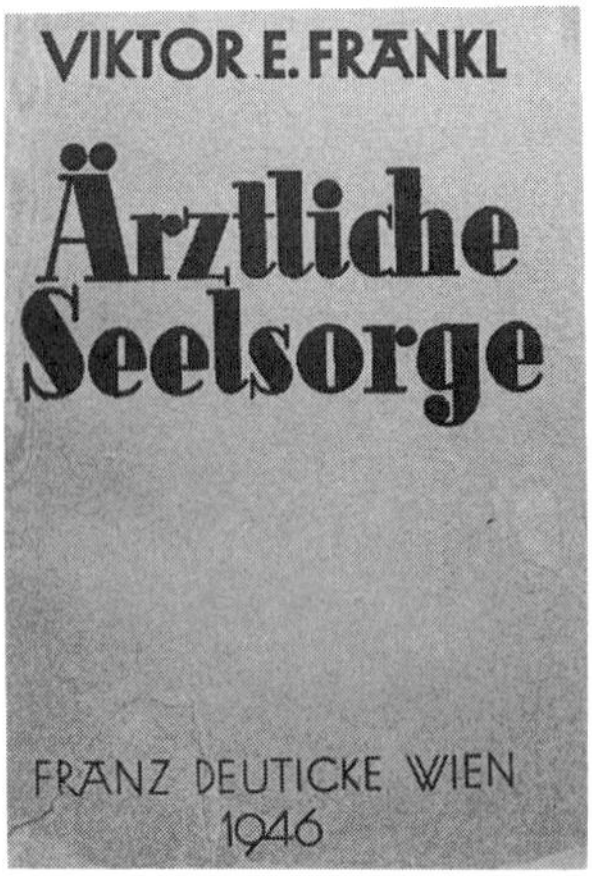

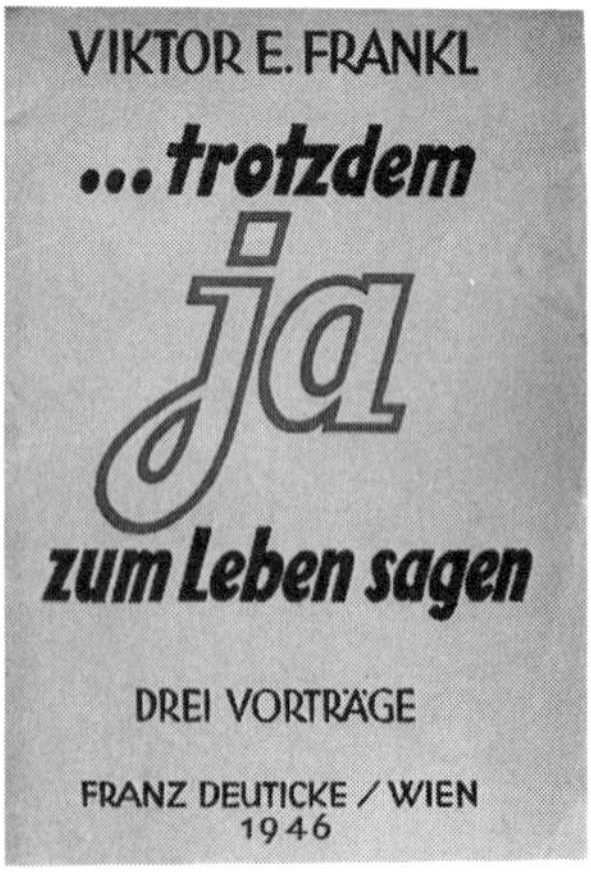

『医師による魂の癒し』（上）と『それでも人生にイエスと言う』（下）

著作活動について

話すことは容易であっても、書くことはそう容易ではない。それにはかなりの犠牲がいる。私はロッククライミングをしに山へ行きたい気持ちを抑えて、快晴の日曜日を何日も自宅の机の前に座り、原稿に手を加えた。

この犠牲は、私の妻も分かち持った。もしかしたら、私のライフワークを確立するのに、私自身より妻のエリーの方がもっと多くの犠牲を払わねばならなかったかもしれない――つまり犠牲と自己否定とを。その際、補足しておきたいのは量的な犠牲だけではなく、質的なそれでもあったことである。私が頭でおこなった仕事に対し、彼女は心で答えた。もしくは、ヤコブ・ネードルマン教授のうまい表現を借りれば、彼女は、私の講演旅行のすべてに同行しただけでなく、光をもたらす暖かさそのものであった。

私のある本には、十回も口述し直したページや、最終的な表現にまとめるのに三時間もかかった文章がある。口述するとき、私はその問題に没入するあまり、回りのことをすっかり忘れてしまう。一体その間にどのくらい時間が経ったのかにまったく気がつかない。だから、三十分したら駅に行かなければならないとエリーから知らされていたにもかかわらず、まだベッドに横になったまま、マイクを持って、そばにある口述用録音機に向かってどんどん話し続けるというようなことも起こるわけである。それで、もう一度催促するために、彼女がゆっくり静かに私の書斎に入ってくる。その時、すっかり口述に浸りきっている私は、彼女に句読点つきで言う。「エリー、コンマ、風呂の準備をしてくれ、感嘆符」。彼女が吹き出すまで、私は、自分が口述調で彼女に話しかけていたことに気づかずにいた。

私は、自分がサン＝テグジュペリ[☆35]同様、完全主義者であることを告白する。彼はかつてこう言った。「完全というのは、これ以上つけ加えることがない状態ではなく、これ以上削るものがない状態のことである」。

しかしこのことは実際には、ある程度まで、その理論の体系的性格によるのかもしれない。また、その理論が医療実践に適用される際の方法意識にもよるであろう。多くの聴衆や読者は、彼らが自分でも気づかないままずっと以前からロゴセラピストであった、という意見を私に寄せている。このこと自体ロゴセラピーの正しさを物語るものであり、また逆説志向のような技法を体系に組み込み、方法論にまで築き上げることがいかに正しく、大切なことであるかをも示している。この点で、ロゴセラピーは優位に立っていると自負してもおかしくはないだろう。この技法がほかの人たちによって実践されたのは、一九三九年より前、すなわち私が初めて書いた論文が『スイス神経学・精神医学論叢』に載る以前のことであった。私の『精神療法の実際』には、一度でも知る機会を得た私の先駆者たち——たとえあまり体系的、方法論的でなかったとしても——の名前をすべて列挙した。

著書や論文への反響

私の著書や論文に対する反響について言えば、アメリカの読者たちからの手紙が一番喜ばしいものである。そのような手紙が届かない週はほとんどないくらいであるし、それらには決まって「フランクル博士、あなたの本が私の人生を変えました」という典型的な文句が添えられている。

第二次世界大戦が終わって間もないある日のこと、一人の訪問客があった。エリーは、カウゼル技師という人であると伝えた。「でも、あの有名な、釈放されたばかりのカウゼルじゃないはずよ。」

「すぐにお通ししなさい。」

彼は、入って来た。「カウゼルと申します。新聞で私のことをお読みになったかどうか存じませんが……」

☆35　一九〇〇—四四。フランスの小説家、飛行士。『夜間飛行』『人間の土地』『星の王子さま』などがある。

彼のことは聞いて知っていた。誰もが彼を、ある女性を殺した犯人と思い、誰もが彼のことを悪く言った。ところがまったくの偶然から、真犯人が判明したのである。

「技師さん、私にどういう御用でしょうか」と私は尋ねた。

「いえ、何も。私はただ、あなたにお礼を申し上げたかったのです。留置中、私は途方に暮れていました。誰一人、私の無実を信じてくれませんでした。その時誰かが囚人房にあなたの本を一冊届けてくれたのです。そして、それが唯一、私の心の支えになったのです。」

「本当ですか」私は聞いた。「それはどういう意味でですか。」

すると彼は、「態度価値」を実現することだったと告げた。彼が事細かく説明したので、彼がロゴセラピーを本当に理解し、それを具体的な状況に適用したことが見て取れた。ロゴセラピーが実際に彼を救ったのである。

アジアに独裁政権の国があった。そこでは、一度実施が公示された選挙が取りやめになり、独裁者の対立候補者は投獄された。その人が『ニューズウィーク』誌とのインタビューで、どうやって、何年もの間独房で耐えているのかとの問いに、こう答えた。「私の母が、ウィーンの精神科医のヴィクトール・フランクルという人の本を送ってくれました。それが私の支えになっています」。

カリカチュア風自画像

マルティン・ハイデッガーを訪ねた折に

カール・ヤスパースを訪ねた折に

ルートヴィッヒ・ビンスワンガーを訪ねた折に

偉大な哲学者たちとの出会い

私自身の体験で最も貴重なもののひとつは、マルティン・ハイデッガー[★45]と交わした議論である。それは、彼が初めてウィーンに来て、私を訪ねてくれたときのことである。彼は、ゲストブックにこう書き込んだ。「すばらしい、学ぶことの多かった午前の訪問の記念に」。彼はまた、一緒に行ったウィーンの「ホイリゲ[☆36]」で撮った写真の下にひとつの献辞を書いてくれた。この献辞は、彼が、私たちの見解にある親近性があることを強調しようとしたものであり、同じくここに書き留めておく価値があるだろう。――「過ぎしものは去り、有りしものは来る[☆37]」。

この時もそうだったが、いつも繰り返し体験することは、私が尊敬して仰ぎ見るような本当に偉大な人々は、それこそ私を批判するだけの権利を十分にもっているのに、決まって寛

★45 一八八九年九月二十六日メスキルヒ（バーデン）生まれ。一九七六年五月二十六日フライブルクで没。実存哲学者。主著に『存在と時間』（一九二七年）がある。意味の問題に関する彼の省察は、神学、哲学に大きな影響を与えた。

☆36 ウィーン郊外のワイン専門酒場。

☆37 Das Vergangene geht. Das Gewesene kommt. よりハイデッガーの哲学に従って厳密に訳せば「過ぎ去りしものは逝き、すでに（真に・本来的に）有りしものは将来する」。

容で、私の努力の至らない部分を見逃してくれ、いつもその裏に何か肯定的なものを見ようとしてくれたことだった。それはマルティン・ハイデッガーの時だけでなく、ルートヴィッヒ・ビンスワンガー[★46]、カール・ヤスパース[★47]、そしてガブリエル・マルセル[★48]の時も同じであった。

カール・ヤスパースは、私が彼をバーゼルに訪ねた際、文字通りこう言った。

「フランクルさん、あなたの本はみんな読みましたよ。しかし、特にあの本、あの強制収容所の本は――と言いながら書斎にある私の強制収容所の本を指さして――あれは数少ない、人類の偉大な本のひとつですね。」

またガブリエル・マルセルは、私の強制収容所の本のフランス語版に序文を書いてくれた。

世界各地での講演

著書や論文の他に、私のおこなった講演や講義についても述べておきたい。講演することは、私にとって本当に楽しいものである。しかしその準備は、必ずしもいつも楽なものとは言えない。ウィーン大学創立六百周年の催しの一環として、学術評議会の招待でおこなった記念講演の際には、その準備として百五十頁分もの原稿を書きなぐった。そうすると、かえって原稿がないも等しい状態になってしまった。いずれにしろ、私の話はいつも原稿なしである。

いつのころからか、英語で講演するときも原稿なしでおこなうようになった。だからといって、私の英語がそれほど正確だと言いたいわけでは決してない。

エリーと私は、ドイツ語で話している限り、アメリカでは誰にもわからないだろうと思い込んでいた。モントリオールのあるカフェテリアで、一人の男性が私たちの隣のテーブルに座ると、強迫神経症そのままの仕草で何度となくテーブルを拭き、ナイフやフォークも何度も拭いはじめ、数分その状態が続いていた。私はエリーに、「重症の強迫神経症だ。まったく典型的だ。まったくバクテリア恐怖症の重症例だね」とかなんとか、おお神様、かなりいろいろ言いまくった。出ようとして、私のコートがすぐに見つからない。そこへ、そのカナダ人がやって来て、流暢なドイツ語で話しかけた。「お二人さん、何かお探しですか。お手伝いしましょうか」。彼は、私が彼に下した精神医学的診断をすべて理解したに違いなかった。

★46 一八八一年四月十三日クロイツリンゲン生まれ。一九六六年二月五日同地で没。スイスの精神医学者。精神療法をいわゆる現存在分析にまで拡充した。
★47 一八八三年二月二十三日オルデンブルク生まれ。一九六九年二月二十六日バーゼルで没。実存哲学の最も重要な代表者。主著に『一般精神病理学』(一九一三年)、『哲学』(一九三二年)がある。
★48 一八八九年十二月七日パリ生まれ。一九七三年十月八日同地で没。フランスの哲学者、劇作家。

もちろん外国旅行中には、おかしな出来事にいやというほど出会うものである。五〇年代にカリフォルニアで、ある若者が私に話しかけ、どこから来たのか知ろうとした。「ウィーンから」と答えて、念のために、ウィーンがどこにあるか知っているかと聞いてみた。「いや」と答えが返ってきた。彼がそれを知らないことを気にして苦しむと悪いので、助けてやろうと思った。「でも、ウィンナーワルツは聞いたことがあるだろう?」「それはね。でもダンスを習ったことがないから」。それでも私はあきらめない。「じゃ、でもウィンナーシュニッツェル〔ウィーン風カツレツ〕くらいはきっと聞いたことがあるだろう?」「確かに耳にしたことはあるけど、まだそれで踊ったことはないんだ」。

今日までに、ヨーロッパ以外の大学だけで、二百以上の大学から講演に招かれ、アメリカ、オーストラリア、アジア、そしてアフリカへ赴いた。アメリカだけでも、百回の講演旅行をおこなった。世界一周の講演旅行も四回おこなったが、そのうち一度は全部で二週間の旅だった。私は東に向かって飛んで、まる一日得をしたので、十四夜のうちに十五回の講演をおこなうことになった。ある晩、東京で講演し、その翌日、東京と同じ日付の夜にホノルルで講演した。その間には太平洋〔日付変更線〕があったのだ。

私の本を読んだだけで、アイゼンハワー大統領の未亡人は私を敬愛してくれた。彼女は、私と家内をワシントン市郊外の自分の邸宅に招くために、アイゼンハワー家のホームドクターとその夫人をウィーンに差し向けた。

「まあ、どうしましょう」と、彼女はホームドクターに言ったそうだ。「フランクル夫妻とどんな話をしたらいいんでしょう。私ったら、すっかり興奮して……」

「会話の準備など、その必要はまったくありませんよ」と、人々は彼女に請け合った。

しかし、じっとしておれぬ彼女は、私たちの訪問の準備のために、ゲティスバーグで彼女を警護している護衛官たちに、彼女が最後にウィーンに行ったときのフィルムを上映させた。彼女は、ベルヴェデーレ宮殿、大観覧車、シュテッフェル☆38などのキーワードを準備しておきたかったのだ。だが人々が予言した通り、それなしで事は済んだ。初めに彼女は、自分のことをメイミーと呼んでくれと言った。そして感動的だったのは、彼女がいかにさまざまな王侯や元首たちの贈り物を私たちに披露したかということだけでなく、彼女の夫がまだ士官候補生であったころの贈り物やフィアンセとして彼女に贈った品物など、数ドルの物から始まって、年とともにだんだん高価になってゆくプレゼントを見せる姿だった。ともかく、このファーストレディほど、謙虚な、自然で心のこもった話相手は、ほとんど出会ったことがないし、また想像すらつかない。

講演のおかげで、多くの町を知ることができるばかりでなく、多くの人と知り合いにもなれる。YPO（Young Presidents Organisation）が一週間ローマのヒルトン・ホテルを借り切っ

☆38　ウィーンのシュテファンス寺院の俗称。

て、彼らのいわゆる大学を開講したとき、三人の吸引力のあるゲスト講師を招請した。それは宇宙飛行士のウォルター・シラー、オーストリアの最後の皇帝の息子オットー・フォン・ハプスブルグ、そして神経科医ヴィクトール・フランクルであった。

典型的アメリカ人なら、講演者の声価を、提供される報酬の額で決めようとするだろう。今では、私の講演謝礼金は一万ドルにまで達することもある。この話を出したのは、私のお金に対する考え方を述べようと思ったからである。正直言って、私はお金にはほとんど興味がない。もしあるとすれば、こういう考えからである。すなわち、お金はあったほうがよいが、しかしお金を持つことの本来の意味は、お金のことを考えずに済むようになるということにあるのだ。

子供のころは違っていた。妹のステラがエルヴィン叔父から十ヘラー硬貨をもらうや否や、私は、彼女の扁桃腺が腫れていて、すぐにでも摘出手術をせねばならないと説き聞かせた。片手に赤い小さな玉を隠し持ち、別の手でハサミを彼女の喉に入れる。そして、それらしい音をさせてから、その赤い玉を彼女の扁桃腺だと言って見せ、手術代だといって十ヘラーを請求する。こうやってお金をせしめていた。

「時は金なり」と人はいう。だが、私にとって、時ははるかに金以上である。コーネル大学の総長は、その大学構内にごく短時間滞在しただけなのに、私に九千ドルも差し出した。私が辞退すると、「少なすぎるんですか」と尋ねた。「いいえ」。私は言った。「しかし、もし

メイミー未亡人の招きで、アイゼンハワー家を訪問

シェーンブルン宮殿で行われた「アメリカ人舞踏会」でのフランクル夫妻
(右端後ろはホスト役、最後の皇帝の息子オットー・フォン・ハプスブルグ)

テキサス州都の名誉市民号授与式で（1976年）
（中央は妻のエリー、右はオースティン市長）

パウロ６世への特別謁見

その九千ドルで何を買うかと尋ねられるなら、私はこうお答えするしかありません。一番買いたいのは時間、つまり私の仕事の時間です、と。もし今、仕事をする時間が自分に与えられているなら、それをあなたに九千ドルで売ることは決してないでしょう」。

とはいえ、本当に講演に意味があると確信すれば、場合によっては報酬なしでもおこなう。それどころか、すでに合意していた報酬を投げ出すことすらある。ちょうどオタワの学生会の時がそうで、約束されていた補助金が出なくなったために、ぎりぎりになって私の講演会を中止しようとしていた。それに対して、私は自費ででも行くと言い張った。

私の講演に関心を持つ人の層は決して狭くない。ある時、私はウィーン大学で、いわゆる「大衆的な」公開講演をせねばならなかった。予定の講堂に行くと、ちょうど人々が集団をなして部屋を出てくるところだった。講演会をもっと大きい講堂に移さねばならなかったからである。彼らの後についてその講堂に行くと、その講堂も小さすぎるとわかった。そこで、われわれは祝祭式場へ移動して、やっと全員座ることができた。ずっと以前の一九四七年に、ある文化団体の招きで、ウィーンのコンツェルトハウスで講演をおこなったときにも、二回追加講演をしなければならなかった。いわゆる口コミが、ここでは大きな役割を果たした。

北アメリカでは『人間の意味探究』の人気は本当にすごいもので、ワシントンのアメリカ国会図書館がこの本を「アメリカで最も大きな影響を与えた十冊の本」のひとつに選定したほどであった。

もっとも、アメリカでの人気にも限界があった。アメリカで最も有名な写真家の一人であるアーヴィング・ペンが来るとの鳴り物入りの連絡が首相府からあった。ウィーンに関する記事を取材するために、カラヤン[☆39]、ヴォトルーバ[☆40]、そしてフランクルの写真を撮りたいという。われわれ三人だけがどうやら、むこうの人が興味をもつウィーン人のようだ。その写真家は、助手を一人連れてウィーンに現れ、私の自宅で四百枚以上ものスナップ写真を撮りまくり、大満足で引き揚げていった。次の数ヵ月の間に何度か合衆国に行く機会があった私は、その雑誌の最新号数冊を見せてもらった。ところが、いくら探してもウィーンの記事などどこにもない。やっと、それが出た、と思いきや、大きな折り込みの〝リピッツァーナー[☆41]〟とデーメル屋[☆42]のトルテのグラビアだけ。カラヤンやヴォトルーバやフランクルの写真などどこにもない。どうやらわれわれも、馬やケーキには、まったくかなわなかったのである。

ラテンアメリカの人々の熱狂ぶりは、ヨーロッパ人には理解し難いものがある。妻と私がサンファン（プエルトリコの首都）に着くと、他の乗客は飛行機を降りることが許されなかった。妻と私はすでにタラップを降りたが、それから先に進めない。警察が封鎖しているのだ。長い間待たされた。一体何があったのか？　テレビ局が、二人のために準備した歓迎レセプションを撮影するために、機内でフランクルという乗客を探したが見つからないでいたのである。妻と私だけは先に通されたのだが、どうやらわれわれは、あまり有名人らしく見えないようである。

　ラテンアメリカの別の都市では、大統領夫人《ファーストレディー》が、その日に私がする三つの講演をどうしてもすべて聞くのだという主張を守り通した。その講演は、ひとつだけでも二時間もかかったにもかかわらず。その後、彼女の夫であるその国の大統領は、私を朝食に招き、彼の国の文化的状況について私と懇談した。二人とも私の本を読んでいた。ヨーロッパでは誰にもこんな話はしない。誰も信じないのはわかっているからである。それだけに、今ここでこの話を打ち明けるのは、よけい気分がいい。

　ウィーン大学の教授職のほかに、私は一九六一年にハーバード大学、一九六六年にサザン・メソディスト大学、一九七二年にドゥーケーン大学で客員教授を務めた。そして一九七〇年にロゴセラピーの教授のポストを設けて、私をその初代の教授に迎えてくれたのは、サンディエゴ（カリフォルニア州）にある合衆国国際大学であった。

☆39　一九〇八―八九。有名なオーストリアの指揮者。
☆40　一九〇七―七五。オーストリアの彫刻家、ウィーン・アカデミー教授。代表作にジュネーヴのヴィーナスがある。
☆41　有名なウィーンの白馬の種馬。
☆42　大型円形のデコレーションケーキ。

年をとることについて

年をとることは、別に悪いことではないと思う。私はいつも言っていることであるが、年をとるにつれて円熟していくと自分で信じることができる限り、年をとることは何ら問題ではない。実際そうなっているという証拠に、私は、二週間前に書き終えた原稿が、二週間後の今ではもう満足できなくなっている。このような補正作業がどこまで続くのか、ほとんど予測すらつかないほどである。

この問題でいつも思い出すのは、プライナー岩壁を登っているときに起こったことである。ヒマラヤ遠征隊長であったナズ・グルーバーが私をリードして、飛び出た岩の上に座り、ザイルで私を結び付けて、後から登って来させていたとき、突然こんなことを叫んだ。「先生ー、先生の登りっぷりを見てると、怒らないで下さいよー、もう全然力がありませんねー。でも、磨きのかかったクライミングの技術で、まあ上手にカバーしてるんですねー。はっきり言って、あなたのクライミングは勉強になりますよー」。さあ、これをヒマラヤの登山家が言ったんですよ。思い上がるなと言う方が無理ですよ。

年をとることは、結局、人間存在のはかなさの一側面に他ならない。しかしこのはかなさ

ルッター岩壁を登る60歳のフランクル

は、根本的には、責任性への唯一の大きな励ましなのである。それは、人間存在の基本的かつ本質的特徴である責任存在の認識への励ましである。だから、あのロゴセラピーの格率[☆43]が、この自伝的描写との関連の中でもう一度繰り返されてもよいであろう。それは、私がある日夢の中でまとめ、目覚めてすぐ速記し、『医師による魂の癒し』において公表したものである。——「あたかも、あなたが今なそうとしかけているように一度目の人生は過ちばかり犯してきたが、今や新たに二度目の人生を生きているかのように生きよ」。自分の人生をそのように仮想的かつ自伝的に見ることによって、実際に、自分の責任性への感覚が高められるのである。

ローマ法王への謁見

ロゴセラピーが成功したとしても、それは決して私が祝福されるべきものではない。ヴァチカンの招待で、ローマ法王パウロ六世に特別謁見を賜った際、私は法王にこう申し上げた。「他の人々は、私が達成し、獲得したこと、いやより適切に申せば、私に与えられ、かなえられたことだけを見るのですが、その時むしろ私自身には、しておくべきだったこと、なしえたのになさなかったことがはっきりと自覚されてきます。一言で申せば、アウシュヴィッツの門をくぐって後五十年も命をお与え下さった神の恵みに対して、私がなすべき責務を果たしてこなかったことが自覚されてくるのです。」

ここで法王への謁見のことをもう少し詳しく述べておきたい。私の妻も同行し、二人とも深い感銘を受けた。パウロ六世はまずドイツ語であいさつされてから、イタリア語でお話しになり、それを聖職者の一人が通訳した。法王は、ロゴセラピーがカトリック教会にとってだけでなく、人類全体にとっても重要であると評価された。法王はまた、強制収容所での私のおこないをも評価されたが、正直に言って、具体的に何を指してそうおっしゃったのかはまったくわからない。

法王が別れを告げ、私たちが下がって出口に向かいかけたとき、彼は突然またドイツ語で話し始め、私を呼び止められた。そして、ウィーンのユダヤ人神経科医である私に、こう言われたのだ。「どうか、私のために祈ってください」。

それは、まったく感動的で、心を震撼させずにはおれない出来事であった。このことについては、私がいつも言っていることを繰り返すほかはない。すなわち、自らだけでなく、カトリック教会全体の不評を招くことが十分わかっていながらも、苦渋の決断を良心をもって下さねばならない人の夜の苦悩が、そこに見てとれた、ということである。しかし、彼に他の選択はない。そのような眠れぬ夜が、彼の顔にありありと映し出されていたのである。

☆43　格率とはカントの倫理学で用いられた道徳的実践の原則をいう。

先に述べたとおり、私は「自分の努力の至らぬ所」を十分に自覚している。そしてロゴセラピーに付随する一方的なところも。そのような一方的な面は、しかしながら、避けがたいものである。矯正を施そうとする者は一方的でなければならぬ、しかも「徹底的に一方的」でなければならぬ、と言ったのはキルケゴールであった。一九六一年の第五回国際精神療法学会で副会長として最終演説した際に、私は次のように述べた。

「絶対的な真理に到達できない以上、私たちは相対的な真理を互いに修正し合い、一方性への勇気を奮い起こすことで満足しなければなりません。さまざまな意見が入り乱れる精神療法というオーケストラの中で、私たちは、自ら自覚している一方性を貫くことに権利をもち、また同時に義務をも有しているのであります。」

一方的に私が反対するのは、ニヒリストのおかげで広まった冷笑主義《シニシズム》と、冷笑主義者のおかげで広まった虚無主義《ニヒリズム》に対してである。虚無主義的な教化と冷笑的な動機づけが互いに循環しあっているのである。そしてこの悪循環を解消するのに必要なことは、ただひとつ、暴露家自身を暴露すること、「暴露心理学」を自認し、またそう自称してもいる一方的な深層心理学を暴露することである。ジークムント・フロイトは私たちに、暴露することがいかに大切かを教えた。しかし、それはある所で止まらねばならない、と私は思う。そのある所とは、「暴露心理学者」が、まさにそれが真正のものであるという単純な理由から、もうそれ以上は暴露できないというものに直面した所である。しかし心理学者は、そこに達してもまだ暴露することをやめられず、今度は、人間における真正なもの、人間における人間的なものを貶めようとする、彼の無意識下にある傾向性までも暴露するのである。

苦悩の人

私こそ、今述べたことを知っていなくてはならないはずだ。なぜなら、私はまさにこの心理学主義の学派と、虚無主義の地獄を通り抜けてきたからである。自ら精神療法の体系を生み出した者は誰でも、本当は結局自分の病歴を描いたに過ぎないのかもしれない。ただその精神療法が同時に、それぞれの時代がもつ集団的神経症をも代表できるものだったかどうかは疑わしい。もしそういうものだったとすれば、彼は文字通り他の人々のために自らの苦悩を捧げたのであり、自らの病によって他の人々に免疫を与えることに貢献したのである。

しかし、こうしたことはすべて、決して集団神経症もしくは神経症一般にだけ当てはまるのではなく、むしろ苦悩する人々すべてに当てはまるものである。

テルアビブにあるアルフレート・アドラー研究所の会長は、ある公開講演会で贖罪日《ヨム・キプル》戦争で両足を失った若きイスラエル兵の例を挙げた。自殺すら考えている彼から、うつ病を取り払うことは簡単ではなかった。ところがある日、彼は急に人が変わったように、すっかり明るくなった。「一体何が起こったの?」驚いた彼女は尋ねた。そこで、彼はほほ笑みながら

『人間の意味探究』のヘブライ語訳を差し出して言った。「この本が僕に起こったのですよ」。どうやら自己「読書療法」なるものがあるらしい。そしてロゴセラピーはそれに特別向いているらしい。

時折、これと同じことが「起こった」人たちから手紙をもらう。一人は、手紙に添えて、大きな写真の載った巨大な新聞紙を送ってきた。それはジェリー・ロングという人で、新聞は一九八〇年四月六日付けの『テクサルカーナ・ガゼット』誌だった。ジェリー・ロングさんは十七歳の時に、ヒューストン(テキサス州)で潜水競技をしていて事故に遭った。四肢すべてが麻痺し、小さな棒を口にくわえてタイプを打ち、左肩で聴力と視力の補助器を操作して大学のゼミナールに参加している。このゼミナールは、数マイルも離れた大学でおこなわれているもので、彼は将来心理学者になるべく、そこに通っている。なぜ、心理学者なのか。「僕は人間が好きで、彼らを助けたいから」と、彼は手紙に書いている。そして、(突然思い立って)私に手紙を書くことにした理由を、次のように記している。

「非常に大きな関心をもって『人間の意味探究』を読みました。私の苦労など、あなたご自身やあなたのお仲間の皆さんの受けたそれに比べれば、全く微々たるものに思えました。それでも貴著を読んでいると、私たちの苦しみに共通することが数限りなく見受けられました。四回読んだ後でも、毎回新しい見方や内容が見いだせます。同じ体験をもつ者だけがわかることです。この本はご自身の体験だけに、それだけインパクトも大きいのでしょう。私は苦しみ続けてきました。しかしこの苦しみなしには、自分の成長もなかったことを、私は知っています。」

ここでさらに気づくことは、「治療薬としての書物」だけではなく、精神療法自体がもつ触媒的な効果である。「テクニックと人間性」というテーマに関連して、私がいつも私の講演や講義の聴衆に話し、また時には私の本の読者にも語ってきたことを、ここでもあえて繰り返すことにしたい。それは、午前三時にかかってきたある電話の話である。この時間に電話がかかってきて、女性の声で、たった今自殺する決意を固めた、と私に打ち明けた。彼女は、それに対して私が何と言うかに、いわば興味津々だったであろう。そこで私は、彼女に自殺に反対する場合に常に挙げられる点を並べ立て、自殺のプラスとマイナスを話し合い、ついに彼女が自分の意図を放棄して、翌朝の九時に私のところに来る約束を取り付けるまでにもっていった。

時間どおり、彼女は病院に現れ、次のようなことを打ち明けた。

「先生、もし先生が夜おっしゃった議論のひとつでも、私に何らかの効果を与えたと思われるなら、それは誤解というものです。もし、私が感銘をうけたとすれば、それはただひとつ、寝ているところをたたき起こした私に、怒って怒鳴りつけるどころか、しっかり三十分も辛抱強く話を聞いて、説得してくれた人がいるということです。そんなことがあるのなら、もしかしたら本当に人生に、生きつづけることに、もう一度チャンスを与えてもいいじゃないかと思ったのです。」

このケースでは、テクニックではなく、人間関係が決め手になったのである。

ある朝病院に着くと、すでに、アメリカから研究目的でウィーンにやってきた教授、精神科医、学生のグループが私を待っていた。私は彼らにあいさつをしてから、こう言った。「アメリカの『フーズ・フー』（名士録）が数十人を選び、その人たちに人生の目的を一行で表現してほしいという依頼をしてきました。私もその一人に選ばれました」。一同は大喜びした。「さて、私は何と書いたと思われますか」。一同は考え込んだ。その時、一人のバークレー大学の学生が、一気にこう答えた。「あなたの人生の意味は、他の人たちがそれぞれの人生に意味を見いだすのを手助けすることです」。

まったくその通りであった。私は本当にその通り書いたのである。

おわりに

一九四六年のこと。私は部下の医師たちに付き添われ、ウィーン・ポリクリニックの私の（神経科の）病棟を回診していた。

ちょうど病室のひとつを出て、次の部屋へ行こうとしたときだった。一人の若い看護師が私のところへやってきて、彼女の（口腔外科の）医長からの依頼を伝えた。手術を終えたばかりの患者のために、私の科のベッドを提供してくれないかとのことである。私が承諾すると、彼女はありがとうと言わんばかりのほほ笑みをたたえて、去って行った。私は助手たちの方に振り向いて、聞いた。「あの瞳、見たか……？」

一九四七年、彼女は私の妻となった。エレオノーレ〔エリー〕・カタリーナ、旧姓シュヴィントである。

私たちの間には娘ガブリエレが生まれた。彼女はフランツ・ヴェセリー（ウィーン大学物理学教授）と結婚し、二人の間には私たちの孫カタリーナ〔カティア〕とアレクサンダーがいる。

妻エリー（1949年）

エリー・フランクル（1964年）

ラックス山頂で妻とともに

娘ガブリエレとその夫フランツ・ヴェセリー（1996年）

孫カティアとアレクサンダー（一九九三年）
（トロントで開かれた第九回ロゴセラピー国際会議に祖父の代理として参加）

ヴィクトール・E・フランクルについて

ヴィクトール・E・フランクルは、ウィーン大学の神経学・精神医学の教授で、また、アメリカ――ハーバード大学およびダラスとピッツバーグの大学――でも教鞭をとった。カリフォルニアにある合衆国国際大学は、彼のために特にロゴセラピーの教授職を設けた。このロゴセラピーは、フランクルが創始した精神療法で、(ジークムント・フロイトの精神分析、アルフレート・アドラーの個人心理学に続き) ウィーン第三学派とも呼ばれている。博士に対しては世界中の大学より二十七の名誉博士号が授与されている。オーストリア共和国からは、学術的な業績に対して贈られる最高の勲章が授与されているが、これを受賞した者は内外合わせて十八名しかいない。またオーストリア学術アカデミーは彼を名誉会員に選んでいる。

彼は二十五年間にわたって、ウィーン・ポリクリニック神経科の部長を務めた。

彼の三十一冊の著書は、日本語、中国語、ロシア語を含めて二十四カ国語で出版されている。アメリカで出版された『人間の意味探究』だけでも九百万部の売り上げがあった。この本は、ワシントンの国会図書館から「アメリカで最も影響を与えた十冊の本」の一つに挙げられている。また、他の著者たちによる、フランクルとロゴセラピーに関する本が百三十一冊、博士号学位論文百五十一篇、教授資格論文一篇が発表されており、さらに学術誌には千三百以上の学術論文が発表されている。

彼の最後の講義がウィーン大学で行われたのは、一九九五年のことである。

解説　フランクルと現代

山田　邦男

本書は、さまざまな意味で激動の世紀であった二十世紀のほぼ最初から最後まで、文字通りその波動の最大の振幅のいくつかを身をもって生き抜いた一人の典型的人物の、その人物自身による率直な告白の記録である。この自伝的な記録とは別に、ヴィクトール・E・フランクルという人物が二十世紀においていかなる存在であったかを、客観的に（二十世紀の側から）位置づけることも無意味ではないであろう。また、この偉大な人物は、ますます混迷の様相を予感させる二十一世紀に向かって何を語ろうとしていたのか。彼の思想から東西両洋の真の精神的出会いの可能性を聴きとることも、著者の遺志に沿うことであると思う。そこで以下、この二点について愚見を記すことにしたい。

（一）

フランクルは、疑いなく二十世紀を代表する人物の一人であったと言えよう。一九〇五年に生まれたその前半生はアウシュヴィッツからの解放とともに終わり、戦後の後半生は台頭する物質主義とニヒリズムに対する闘いによって貫かれたが、これらはそのまま二十世紀の時代精神を象徴するものだからである。

これらにフランクルの専門である精神医学をつけ加えれば、そこに彼のおおよその全体像が浮かび上がるであろう。つまり、フランクルには、ナチズム、フロイディズムおよびニヒリズムという三つのイズムに対する対抗者としての顔があり、しかも彼はそのそれぞれに対して、たんなる対抗者にとどまらず、むしろそれらの積極的な克服者でもあった。以下、この三つの側面についてそれぞれ簡単に見ることにしたい。

（1）フランクルがナチズムの対抗者であったことは、彼を一躍世界的に有名にした『夜と霧』（原題は『一心理学者の強制収容所体験』）によって周知の事実である。ここでナチズムの対抗者という意味は、彼が反ナチスの政治的な抵抗運動をおこなったという意味ではない。その機会は、彼自身が強制収容所に入れられたことによって奪われていたからである。もっとも、彼が何らの抵抗運動をもおこなわなかったわけではない。強制収容所に入れられる以前に、彼がナチスの安楽死政策に医師として抵抗したことは、本書に明らかである。この事実も含めて、彼のナチズムへの抵抗は、むしろナチス的なものへの抵抗と言うべきであろう。ナチズムへの抵抗という点では、そもそも彼が収容所を生き抜いたこと自体がすでに抵抗と勝利の最大の証しであるが、この体験によって、彼の基本的な人間観が一層確固たるものになったのである。その人間観とは、「意味への意志」、「自由」および「責任性」が人間の本質をなすというそれである。この三つの人間の本質は、右に挙げたナチズム・フロイディズム・ニヒリズムを彼が批判する際の共通の基本的視点であると言えよう。これら三つのイズムには、いずれもこの人間の本質の誤解、忘却、無視ないしは否定が含まれているのである。

これら三つの本質は相互に切り離しがたく結びついているものであるが、ナチズムの場合には、「自由」の否定が際立っており、そのために「意味への意志」や「責任性」も無視されたと言いうるであろう。「支配者にとっての幸福とは、民衆が考えないことだ」と叫んだヒトラーの言葉は、全体主義と人間の自由意志否定の宣言であり、実存的な「意味への意志」と「責任性」の無視の表明である。それは人間の本質の否定であり、人間の尊厳性の否定である。

フランクルは、しかし、ナチズムのゆえにその後のドイツ人を非難することを否定する。ユダヤ人だからというだけで強制収容所に送られた人間は、ドイツ人だからというだけで、その人を非難する気にはなれないのである。この彼の姿勢が、解放直後から一貫しているのは不思議なくらいである。彼は、ドイツ人を非難するどころか、むしろ敢然と擁護しさえする（このことについては本書の「共同責任について」の項を参照されたい）。ナチズムのゆえにドイツ人を非難することは、個人を民族に還元することであり、ナチズムの人種主義の轍を踏むことを意味する。「まっとうなドイツ人は、まっとうなオーストリア人に道徳的にすこしも劣っているわけではありません。（中略）特定の国家の国民だという事実だけで、その人を排斥してはならないのです」（『それでも人生にイエスと言う』）。責任とは本質的に実存的なものである。自己の責任を民族や遺伝や環境などに転嫁することはみずからの実存を放棄することである。フランクルは、この責任と赦しの倫理によってナチズムに抵抗したと言いうるであろう。

ナチズムに対するフランクルのこのような態度の根底には、彼独自のユダヤ教信仰があるように思われる。このことは、解放一年半後の一九四六年十月に書き下ろされた創作劇『ビルケンヴァルトの共時空間』（"Synchronisation in Birkenwald"）に明らかに表れている。強制収容所を舞台にしたこの創作劇の中で、フランクル自身と思われる主人公（フランツ）は次のように語っている。（なお、この創作劇は本年［二〇一一年］六月に鳥取大学の武田修志教授によって『道標』［人間学研究会発行、第三三号］誌上に初めて邦訳された。以下は、この邦訳からの引用である。）

パウル　目には目を、歯には歯を……それをお前は忘れている。

フランツ　俺に聖書なんか持ち出してくれるな！（中略）それじゃあ俺に答えてくれ。なんのために主はカインに、人類最初の人殺しに、あのカインの印を付けたのか？

パウル　分かりきってる――（中略）カインが人殺し、犯罪者だと分かるようにだ。そして、カインを警戒して、カインに対して、それにふさわしいように振舞うためさ……。

フランツ　違う！　そうじゃなくて、カインを例にして、カインには何も起こらないということを示すためなんだよ。カインが主によって罰されたあとでは、人間たちはカインに何もしない、カインをもうそれ以上罰しないということを示すためさ。人間がカインをそっとしておくためだよ。これだけ言えば分かるだろう、何のためにカインが印を持っていたかが？　どうか一度よく考えてみてくれ、さもなければ事態はどうなったかを。殺人はもう二度と止むことはなかっただろう、殺人は別の殺人を引き起こしただろう、不正は別の不正を生み出しただろう……もし、人が絶えず同じことを全く同じことで仕返ししたとすればね。間違っている！いつかこの悪の連鎖を断ち切らなければならない！　決して再び、繰り返し、不正を不正で贖《あがな》わないようにしよう、憎しみを憎しみで、暴力を暴力で贖わないようにしよう！（後略）

第二次世界大戦後の世界の勢力は、九〇年代まで、ソ連を中心とする共産主義圏とアメリカを中心とする資本主義圏に二分されてきたが、フランクルは、前者を全体主義（トタリテリアニズム）、後者を画一主義（コンフォーミニズム）と規定し、両者に対して批判的であった。このことは、意味への意志・自由・責任性を本質とする彼の実存的な人間観から自ずとうなずけるであろう。またソ連崩壊後の今日の世界の情勢、とりわけアメリカ的な産業主義のグローバリゼーション（欲望の追求と実存的空虚感の拡大の悪循環）に対しても批判的であった。そのことを、亡くなる半年前に、さも悲しげに筆者に語られた時の博士の様子は、まさに悲痛に満ちたものであった。筆者はそこに、博士の二十一世紀への遺言を聴く思いがした。

（2）ナチズム（および全体主義・画一主義）に対する抵抗と批判が、人間（あるいはユダヤ人）フランクルの表れであるとすれば、彼のフロイディズム批判は、彼の精神医学者としての側面の表れであったと言いうるであろう。

フランクルがフロイディズムを批判するのは、直接的にはその生理学的還元主義に対してであるが、それだけでなく、彼はおよそすべての科学的還元主義に反対する。二十世紀を代表する政治経済的イデオロギーがコミュニズムとキャピタリズムであったことは明らかであるが、この両者に共通する特徴は物質主義であり、それを現代において促進するものはサイエンティズム（科学主義）である。そしてこのサイエンティズムの徹底はリダクショニズム（還元主義）に至る。人間をある特定の要素に還元し、またその要素から人間の全体を説明しようとすることは科学の固有の特徴である。そして科学がますます細分化しつつある今日、人間はますます各要素に切り刻まれ、しかもその各々が絶対性を主張する。かくしてますます人間の本質が見えなくなってしまっている。フランクルは、フロイディズム批判を通じて、実は二十世紀の真の代表的イデオロギーであるこのようなすべての科学的還元主義を批判しているのである。

人間は確かに生物学的・生理学的存在であり、心理学的存在であり、社会学的存在等々である。このことは決して否定しえない。しかし、それらによって人間のすべてが決定されているわけではないことも同じく否定しえない。このことをフランクルは、ヨットの帆走を例にして説明している。ヨットが帆走するには風が必要である。しかしヨットをどの方向に帆走させるかは操縦する人間の自由意志にかかっている。これと同様に、人間は遺伝や環境の要因なしには存在しえない。それらが人間が生きていく上での不可欠の条件であることは、ヨットにとっての風と同じである。しかしこの条件をどのような方向に用い、何をなすかは人間の自由意志にかかっている。つまり、人間は、遺伝や環境などのすべての要因にもかかわらず、それらに対して態度を取る自由と責任を有する存在なのである。

フランクルは、この自由と責任の意識（「精神の抵抗力」）を呼び起こすことに実存分析（ロゴセラピー）の使命を見る。そしてその可能性が「精神的無意識」（フロイトの「衝動的無意識」に対して）あるいは「意味への意志」（フロイトの「快楽への意志」やアドラーの「力への意志」に対して）として人間のうちに宿っているのだと彼は考える。精神医学者としてのフランクルの偉大な功績は、この「精神的無意識」あるいは「意味への意志」の発見にあると言いうるであろう。この立場から彼はフロイトを批判し続けたが、しかし他方で彼は終生フロイトを尊敬していた。彼は自らをフロイトという巨人の肩の上に立っている小人に譬えている。肩の上に立っているその分だけ、少し遠くまで見ることができたにすぎない、と。彼にとってはおそらく、批判すべきは、フロイトの立場それ自体ではなく、それの絶対化、つまりフロイディズム（フロイト的還元主義）であり、またそれに代表されるすべての科学的還元主義であったであろう。

（3）ナチズムに対する批判と克服が人間（ユダヤ人）としてのフランクルの表れであり、フロイディズムに対するそれが精神医学者としてのフランクルの表れであるとすれば、ニヒリズムに対するそれは哲学者ないし思想家としての彼を表すものである。

十九世紀の最後の年である一九〇〇年に没したニーチェは、来るべき数世紀への予言としてニヒリズムの到来を告げた。その五年後に生まれたフランクルは、いわばニヒリズムの幕開けとともに生を享けたわけである。彼ほどの頭脳の鋭敏さと性格の真摯さをもった人間がこの多難な世紀を生き抜くことには、最初から多くの困難が予想されたとも言いうるかもしれない。実際、彼の生涯はニヒリズムとの闘いのそれであった。

フランクルによれば、ニヒリズムの意識はすでに四歳のときに芽生えたという。「ある晩、眠りに入る直前にはっと飛び起きたことがある。自分もいつかは死なねばならないと気づいたからである。しかし私を苦しめたのは、死への恐怖ではなく、むしろただひとつ、人生の無常さが人生の意味を無に帰してしまうのではないのか、という問いであった」（本書）。この問いはしかし、すでに十五、六歳のころにはその解決の端緒を見出していたであろう。そのころ彼は次のような二つの「明確な」考えを持っていたという。「まず第一に、そもそもわれわれが人生の意味を問うべきなのではなく、われわれ自身が問われているものであり、人生がわれわれに出した問いに答えなければならないということである。そして、この人生の問いに答えられるようになるためには、われわれは自らの存在そのものについて責任を担わなければならないということである。もうひとつの基本的考えは、究極的な意味がわれわれの理解力を超えていること、いや超えていなければならないということである。一言でいえば、私が〝超意味〟と呼んでいるものが問題なのである」（本書）。

ここにはすでに、後年の彼の「意味」の哲学の胚珠が表れている。これ以後の彼の課題は、この胚珠を育成し開花させること、つまり理論的にも実践的にもそれを拡充・深化させること、とりわけ社会に蔓延する実存的空虚感（ニヒリズム）との対決の中でそれを検証し、いっそう確固としたものにすることである。彼は言う、「ニヒリズムつまり無意味感は、本質的に人間的な営為であって、病気でも神経症でもありません。しかしそれでも克服しなければならないものであることには変わりありません。私は、自分がニヒリズムを克服する助けとなった思想をひとりじめにしたくはありませんでした。ほかの人たちにもそれを伝えたい、ほかの人たちも助けたい、という衝動を感じるのは当然です。このようにして、ロゴセラピーの体系は、何十年もかかってゆっくりと構築されてきたのです」（『宿命を超えて、自己を超えて』）。

この「ロゴセラピーの体系」については、彼の多くの著作がそれを示しているので、ここでは、ニヒリズムとの関連において、あの十五、六歳のころに直観された胚珠がどれほどの展開の可能性を秘めていたかということに限定してごく簡単に述べることにしたい。

第一の直観は、彼の後年の表現で言えば「人生の意味についての問いの観点の転回」ということである。人生の意味とか生きがいを問う存在は人間だけである。神はそれを問う必要はないし、動物はそれを問うことができない。しかし人間はそれを問わざるをえない。知恵の木の実を食った人間は、それを問うべく罰せられている。実に、人生の意味への問いは人間の最も根本的な運命なのである。その限り、ニヒリズムも「本質的に人間的な営為」である。ではニヒリズムのどこに問題があるのであろうか。ニヒリズムは「無を一種の有としている」、そこにニヒリズムの錯覚があると批判したのは達磨《ダルマ》であるが、フランクル的には別の観点から批判される。通常われわれは、人生の意味とか生きがいを問う場合、自己からそれを問う、いいかえれば自己を中心として、人生なり世界から自分は何を期待できるかという観点からそれを問う。しかし、この観点に立つ限り、すべての期待は、死を前にしては無に帰さざるえない。近世以後の歴史は自我の拡大の歴史であったとも言いうるであろうが、その歴史はニヒリズムに帰趨する。〈すべては自分のため〉という人生観は、その〈自分〉がいつかは無に帰する限り根本的にニヒリズムを免れない。このニヒリズムの超克のためには、人生観の「コペルニクス的転回」(「人生の意味についての問いの観点の転回」)が必要である。すなわち「われわれが人生の意味を問う」という観点から、「われわれ自身が(人生から)問われている」という観点への転回である。「責任性」の自覚もここで初めて真に成立する。また彼が後年、人生の三つの価値として挙げた「創造価値」・「体験価値」・「態度価値」にも、すべて自ずからこの後者の観点が含まれている。

もうひとつの直観は、後年「超意味」と呼ばれたものに関わっている。右の観点の転回は、自己を人生(世界、人または物)に向かって委ね超越すること(「自己超越」)であるが、しかしそのことが全体として究極的にいかなる意味をもつかは「われわれの理解力を超え」たものである。それは本質的に信仰の領域に属する事柄である。しかし、信仰の領域に属するということは、必ずしも不確かとか曖昧とか迷信ということではない。むしろ、その観点に立てば、そこには疑いえないリアリティーが存在しているのである（このことについては後でふれたい）。

以上、フランクルの三つの側面として、二十世紀を貫くナチズム・フロイディズム・ニヒリズムに対する批判と超克について述べた。そしてこれらの側面は、彼の人間（ユダヤ人）・精神医学者・思想家という側面にそれぞれ対応すると述べた。しかし、この区別はもちろんあくまで説明の便宜上のことにすぎない。博士はその死の半年前、「自分の考えを哲学と医学、思想と実践に分けることはできない。両者はひとつのものなのです」と筆者に語られた。当然と言えば当然のことであるが、筆者はそこに彼の偉大さがあると思う。なぜなら、彼ほど、その人間性と精神医学と思想とを全人的に統一した人物は希有であろうからである。一例を挙げれば、右に述べた「観点の変更」（したがって「責任性」・「価値」・「意味への意志」・「超意味」・「自己超越」など、彼のすべての主要概念）は、たんなる思想上の（思弁的な）概念ではなく、臨床的・実証的に基礎づけられた人間の事実である。特に超越性に関して言えば、彼の「精神的無意識」（愛・良心・芸術的インスピレーション）は、超越性の契機が人間のうちに内在的超越として宿っていることを明らかにしたものである。精神医学の側からも思想（哲学・宗教）の側からも、このような試みをした者は他にあまり例を見ないであろう。のみならず、このような精神医学や思想といった学問が、人間フランクルの実存においてひとつであった。そして、この「ひとつ」を可能にしたものが、とりわけ「十字架の試練」としての彼の強制収容所体験であったと言いうるのではないだろうか。

（二）

これまで、二十世紀をその振幅のほぼ全面において生き抜いたフランクルの全体像をいくつかの側面に分けて述べてきたが、次に、「われわれにとってのフランクル」とも言うべき事柄について簡単に愚見を述べてみたい。「われわれにとって」とは、二十一世紀を目前に控えた現代に生きるわれわれにとってという意味と、日本あるいは東洋に生きるわれわれにとってという意味である。この二重の意味においてフランクルという存在はわれわれに何を語りうるであろうか。

（1）フランクルが言うように、現代人は本能と伝統の二重の喪失に陥っている。本能は、われわれに何をなさねばならないか（Müssen）を告げるものであり、伝統は、われわれに何をなすべきか（Sollen）を教えるものである。この本能と伝統の欠如は、前者が人間が動物から離脱することによって、後者が人間が伝統から切断されることによって、自らの行為の本能的および倫理的規準を喪失することを意味する。この喪失は、一方では人間が動物性と伝統の拘束から解放されることであり、自由を意味する。この自由は、しかし、それだけとしては根無し草の自由にすぎない。絶対的な根拠をもたないまま、いわば無の空間にただよう自由は、

「すべてが許されていると同時にすべてが空しい」という自由である。フランクルはこれを「実存的空虚」と呼んでいる。

この本能と伝統の二重の喪失およびその帰結としての「実存的空虚」は、二十世紀の後半に入ってますます深まりつつあるように思われる。否、深まりと言うよりも、むしろそれをも突き抜けて、まったく新たな運動原理による世界構造が現出してきている。

この世界構造はあたかも鳴門の渦潮のごとき渦動運動を示している。特に物質主義的欲望とテクノロジーとが相互に他方を刺激しあい、これにフランクルの嘆いた産業主義や功利主義が触媒装置として作用するという現代世界の渦動運動は、外面的には生命環境の破壊を招き、内面的には人間精神の荒廃を招いている。この渦動運動を渦潮の海面上の運動とすれば、この運動は、同時に海面下のニヒリズムという深淵をますます深く穿《うが》っていく。この「実存的空虚」は、われわれ人間が「意味への意志」を根本的意志とするだけに、その意志の「欲求不満」はそれだけ一層深刻なものとなる。フランクルによれば、この欲求不満を「麻痺」させるために、人間は一層多くの「快楽」や「権力」を追求するのだと言う。つまり海面下の運動が新たな海面上の運動を求めるのである。かくして物質主義的欲望とテクノロジーとニヒリズムとは三位一体的渦動運動を形成し、その半径と深さの度合いをますます昂進させるのである。これはたんなる思考モデルではなく、現にわれわれの内と外で実際に起こっていることであろう。内とは、われわれの実存そのものであり、個々の実存自身がこの運動体そのものに化しつつある。

外とは、この渦動運動によって呑み込まれつつある世界の全体である。このグローバリゼーションにはおそらく例外は存在しえないであろう。この運動は、一種の抗しがたい必然性とも言うべき性質をもっているからである。

しかし、もちろんこの運動の主体が人間であることは否定しえない。それ故、すべては人間のあり方にかかっている。人類の未来は、とりわけ現代に生きるわれわれの決断にかかっているといっても過言ではないであろう。われわれは、この三位一体的渦動運動からいかにして脱却するのかという問いの前に立たされているのである。しかもテクノロジーを全面否定して原始時代に帰ることも、あるいは宗教や伝統の復活のために近世以前の時代に帰ることもできないとすれば、この渦動運動からの脱却にはいかなる道が残されているのであろうか。これが現代という時代の根本問題に他ならない。この問題についての筆者自身の考えをここに記すことは控えて、フランクルの考えに即して簡単に述べることにしたい。

右に、かの渦動運動は、われわれの実存自身の運動でもあると述べたが、現代の若者にはしばしば「それでどうした」とか「それでどうなるものでもない」といった「しらけ」や諦めすら感じられる。あたかも実存的空虚とかニヒリズムは、それがもはや問題にならないほどに、空気のように自明なもの、無意識的なものになってしまっているかの如くである。それはしかし、若者だけのせいではない。このように、われわれ現代人は、実存的空虚感を無意識の奥深くにまで抑圧せざるをえないのである。そうしなければ現代の世界に伍して「正常に」生きていけないからである。

しかし、そのさらなる奥底に「意味への意志」が隠れている。いま筆者がこの文章を記しているこの日は、阪神淡路の大震災からちょうど三年目にあたる。あの時の何千、何万という若者たちのボランティア活動を想起すれば、彼らがいかに「意味への意志」の発露の機会を待ち受けていたかがわかるであろう。その時の彼らの輝いた様子は、実存的空虚感を克服し、「意味への意志」を充足する喜びを示していたように思われる。（これと同様のことは、今度の東日本大震災の際にも見られた。筆者が知るある青年医師は「被災地の人々から呼び求められている」と言って、今も現地で医療活動を行っている。これはしかし、彼が己れの「意味の意志」を充たすために行ったのではない。「意味」は意味ある行為を行った結果として、その人に自ずから贈られるものなのであろう。）

さきに、本能と伝統の喪失によって、現代人には依るべき行為の規準がなくなっていると述べたが、右の若者たちのボランティア活動は、この問題の解決の方向を実際の行動によって提示した。伝統的な価値体系が崩壊した現代にあって、われわれは何を規準として行動すべきか。フランクルは、かつて「教育の使命」と題された日本のある大学での講演において、「十戒がその無条件的効力を失ってしまった」現代にあっては「何万という独自な状況の中に何万という命令を聴き取るべきだ」と語っている。何万という状況とは、いつでもどこでもということであり、何万という命令を聴き取るとは、そのつどの状況に耳を傾けることによって、いわばそこから存在の声を聴き取ることである。この存在の声を聴き取る能力を、彼は「良心」と呼んでいる。良心とは、彼の言う「精神的無意識」のひとつとして人間に内在するものであると同時に、超越者である「汝からの言葉」でもある。また晩年には「価値の実存的根源」として、すべての人間に自然に具わっているものであるとも言っている。

彼は言う、「私は、自分に呼びかける状況にそのつど直面します。状況はこのように呼びかけます。――おまえは、それをしなければならない。おまえには、それができる。おまえは世界を変えなければならない。おまえは状況を変えなければならない。おまえは、自分のためになることをしなければならない。おまえはほかの人々のためになることをしなければならない。おまえはなにかを生み出さなければならない。おまえは状況をできるだけよいものに変えなければならない、と。このような意味実現の可能性は、どんな状況の中にもあります。（中略）意味を見出す可能性は、知能指数にも教育程度にも性別にも年齢にも関係ありません。その上、宗教心があるかどうかにも関係ありません。また、宗教心のある場合、どのような宗教を信じているかということとも関係ありません」（『宿命を超えて、自己を超えて』）。

（2）最後に、フランクルの思想がわれわれ日本あるいは東洋に生きるものにとってどのような意味をもっているかについて簡単に述べておきたい。以下は、ユダヤ教神秘主義とも言いうるであろうフランクルの思想から、仏教徒としての筆者が学びえたことの一端である。僭越ながら、その要点を記して、博士への追悼の言葉としたい。

（ⅰ）まず、右に述べた「価値の実存的根源」を手がかりにして考えてみたい。これについて、フランクルはこうも述べている。「たとえばこんなことを想像してみてください。あなたは、一人の病人がかわいそうだとおもいます。あなたはかれに同情します。かれの身になり、かれを助けたいとおもいます。そのとき、（中略）あなたは、その病人に対する同情そのものになっているのです。あなたは、そのとき、ほかの人を助けるという価値そのものになっているのです。これこそ、価値の実存的根源です」（『宿命を超えて、自己を超えて』）。

これと同様のことを――突飛な比較のようであるが――儒教の祖師の一人である孟子は「良心」（本来の善なる心）とか「惻隠の心」（哀れみ痛ましく思う心）と呼んでいる。それらは誰もがもともと天性として持っているものでありながら、「人が自ら思って求めないだけだ。思って求めれば得られるが、放り投げて思わなければ失ってしまう」（『孟子』告子章句）。また同じ儒家の王陽明は、「何びとも幼児が井戸に落ちようとするのを見ると、必ずおそれといたみの心（惻隠の心）を抱く。これはその人の仁の心が幼児と一体となるからに他ならない」（『大学問』）と述べている。儒教（あるいは東洋思想）では、この一体化の心（「万物一体の仁」）が、相手が幼児（人間）の場合に限らず、禽獣草木のすべてに及ぶ点で、フランクル（あるいは西洋思想）と異なるであろうが、相手「そのもの」への「自己超越」（右のフランクルのことばで言えば「……そのものになっている」ということ）に人間の本来性を見るという点では基本的に同一の方向性を持っているであろう。

この自己超越性、すなわち自己がいわば道徳的な要請として相手に超越すべきであるということではなく、それ以前に本来的に「実存的根源」において人間は自己超越的であるということは、西田幾多郎の「純粋経験」の立場、すなわち、すべての意識現象はその根底において純粋経験であるという立場につながるものである。当面の問題との連関で引用すれば、彼は次のように述べている。「我々が花を愛するのは自分が花と一致するのである。月を愛するのは月に一致するのである。親が子となり子が親となりここに始めて親子の愛情が起るのである。（中略）我々が自己の私を棄てて純客観的即ち無私となればなる程愛は大きく深くなる。親子夫妻の愛より朋友の愛に進み、朋友の愛より人類の愛にすすむ。仏陀の愛は禽獣草木にまでも及んだのである」（『善の研究』）。

この愛を西田は「自他一致の感情」と呼び、また「主客合一の作用」と呼んで「純粋経験」のひとつに挙げている。この純粋経験（愛だけではなく、すべての意識現象の根底としての純粋経験）は、その働きの只中においては反省不可能であり、無意識である。それは、フランクルが、すべての精神作用の根底は無意識であると述べたのと同様である。彼は古代インドの聖典ヴェーダの言葉、すなわち「見るものは見られず、聞くものは聞かれず、考えるものは考えられない」を引用し、「精神が完全に根源的であり、完全に自分自身であるその場所において、精神は自分自身に関して無意識である」と述べている。

このフランクルの考えは、無意識の学としてのいわゆる深層心理学の埒を超えた卓越した洞察を含んでいる。というのは、この考えは、いわゆる無意識だけが無意識なのではなく、意識そのものもその根底において無意識であることを指摘しているからである。しかも、彼は、その無意識の状態こそ、意識が最も純粋に働いている状態なのだと言う。「人格は自らの精神的作用の実現のなかで完全に忘我の状態になってしまうから、自らをその真の存在において反省することは不可能」である。しかもその時こそ、人格は最も完全な姿で「実現の現実」として「実存」するのである（『識られざる神』参照）。同様に西田も「自己を忘れたる所に真の人格は現れる」と言い、「自己の全力を尽しきり、殆ど自己の意識が無くなり、自己が自己を意識せざる所に、始めて真の人格の活動を見るのである」と述べている。

このことを、ハイデッガーの用語を借りて脱自性と呼んでもよいであろう。眼は眼自身を見ない。もし眼が眼自身を見るとすれば、それはフランクルが言うように飛斑症にかかった眼、眼の本来の働きを失った眼である。健康な眼の本質は、見るという働き、その活動的現実そのものとして現前する。その時、眼は脱自的である。これと同様に、精神も、その本来の無意識的働きにおいて脱自的である。この脱自性において、精神的人格は最も如実に露現している、禅的に言えば露堂々に働いている。つまり、「身心脱落、脱落身心」である。（フランクルのロゴセラピーの中心技法のひとつである「脱反省」は、この禅の脱落と共通性を持っている［この点については『それでも人生にイエスと言う』の訳者解説を参照されたい］。またそれは、禅的な脱自性［「あるがまま」・「とらわれからの脱却」］を説く森田正馬の療法とも共通性を持っているであろう。）

右の精神の無意識的働きの脱自性はさらに、「精神的に有る者は現実に他の有るものの『もとに在る』」ということを意味する（『制約されざる人間』）。つまり、自己は他者のもとにあることによって、それだけ真に自己のもとにある、ということである。「……われわれは世界につうずる道をたどってのみ自分の自我に帰るのである。われわれが自分の不安から自由になれるのは、（中略）自己放棄によって、自己を引き渡すことによって、そしてそれだけの価値ある事物へ自己をゆだねることによってである。これこそあらゆる自己形成の秘密である……。」（『神経症 I』）

この自己放棄あるいは自己超越は、さきに述べた「人生の意味についての問いの観点の転回」および創造価値・体験価値・態度価値の実現ということから容易に理解できるであろうが、それが彼の晩年にさらに徹底して次のように言われる時、その真の意味を理解することは必ずしも容易ではないであろう。「愛するとき、私は自分を忘れます。祈るとき、自分のことなど眼中にありません。そして死ぬとき、おなじようなことが起きるのです」（『宿命を超えて、自己を超えて』）。この自己放棄あるいは自己超越は、宗教性の次元を無視しては理解しえないであろう。筆者はそこに、——これまた突飛なようであるが——道元の「この生死は、すなはち仏の御いのちなり」という言葉と相通じる宗教的安心の境地のようなものを読み取る。これは、〈生のときは生になりきり、死のときは死になりきる、そこに自分を超えた大きないのちが働いている〉ということであるが、フランクルも自分を忘れて真に「愛するとき」「祈るとき」

「死ぬとき」、そこに「永遠のいのち」が働いていると言うのである。また道元は言う、「ただわが身をも心をもはなちわすれて、仏のいへになげいれて、ほとけのかたよりおこなはれて、これにしたがひもてゆくとき、ちからをもいれず、こころをもつひやさずして、生死をはなれ仏となる。」(『正法眼蔵』生死)

(ii) フランクルの生涯と学説の全体を貫いていたものは、世界と人間性への深い信頼であり、この信頼の根底にはさらに、大きないのち(「永遠のいのち」)とも言うべきものの確信が宿っていたと言えないであろうか。人間ひとり一人のうちに、その人を超えた大きないのちが(精神的無意識・人格として)宿っており、それがその人を他ならぬその人として生かしている。この大きないのちと人間性と各人の唯一性の洞察が、彼をして先に述べたナチズム・フロイディズム・ニヒリズムと闘わしめた動力であったであろう。

フランクルは、その最初の講演集に『それでも人生にイエスと言う』という表題をつけ(邦訳『それでも人生にイエスと言う』)、また最初の著書である『一心理学者の強制収容所体験』(邦訳『夜と霧』)の改定版の表題にも再びこの言葉を用いた。この言葉はもちろん、いかなる苦悩やニヒリズムにもかかわらず人生を肯定しようという意味であるが、この肯定が可能になる基礎には、いわば〈それでも人生はイエスと言う〉ということ、たとえあなたが人生を見捨てても、人生はあなたを見捨てないという、人生への絶対的な信頼がこめられているであろう。

「人生」(Leben)というドイツ語は、英語の life と同様、きわめて多義的であるが、本来は生命・生・いのちといった意味であって、そこには「人間の」という限定はない。本来の生命・生・いのちの「自己限定」（西田幾多郎）として、人間の生命・生・いのちが成立するのであり、そこから人生（生涯・一生）という意味も成立してくるのであろう。（個人的な生命としての）人生は、それゆえ、普遍的な生命（大きないのち）の自己限定であり、よく言われるように、前者は後者によって「生かされて生きる」のである。フランクルの“Leben”にはこの二つの意味が含まれている。彼が十五歳のころに作ったという次の詩は、この前者（個人的生命、詩では「存在」）が後者（普遍的生命、詩では「いのち」）に合一することへの彼の憧憬がよく表現されている。

「存在といのちにて／わが夢、成りき／かの二つの星の、空間に漂うを／われは見し／互いにひとつになりたくも／想いは、悩みとなりて／まぼろしに！／そは徐々に小さくなりにし／されど、はるかに、われは見し／二つの星の／ひとつになりしを」（本書）

右の詩が大きないのちとの合一への憧憬であるとすれば、同じころに作られた次の詩は、その合一を成就した心境を表現している。

「わが精神は、みずから呪縛を解けり／闘いながら空間と時間を盗み取り／無限なる永遠のなかに静まりゆき／永遠なる無限のなかにあふれ出ぬ／そしてすべてを包括する一者として／なべての存在の源に沈みぬ」（本書）

西田幾多郎も次のように述べている。「我々の意識の底には誰にもかかる精神（神性的精神）

が働いているのである（理性や良心はその声である）。〔たとえば詩人テニスンは〕静かに自分の名を唱えていると、自己の個人的意識の深き底から、自己の個人が溶解して無限の実在となる、……といっている。（中略）実在は精神的であって我々の精神はその一小部分にすぎないとすれば、我々が自己の小意識を破って一大精神を感得するのは毫も怪むべき理由がない」（『善の研究』）。

フランクルの言う「いのち」「精神」「一者」を道元の「仏の御いのち」や西田の「神性的精神」「一大精神」と直ちに同一視することはできないが、まったく異なったものだとも言えないであろう。そこには小さな自己の繫縛を脱して大きないのちに合一すること、そしてそこに真の自己を見るという点で共通するものがあるであろう。では、その合一において、具体的にどのような状態が現出するのであろうか。この点においても両者にはどこか共通するものが認められるであろう。

フランクルは、強制収容所からの解放直後に、そこで逝《い》った人々を偲んで一篇の詩を詠んでいる。その詩の一節に次のような言葉がある。

「太陽のあらゆる輝きの中でお前たちのまなざしが／言葉を求めているのがわかるまで／すべての木々の花の中に住む死者が／私に手を振っているのに気づくまで／すべての鳥のさえずりに、お前たちの声を／聴き取るまで」（本書）

この、太陽の輝き、木々の花、鳥のさえずりに死者たちの声を聴き取るというのは、そこに存在の声を聴くということ、永遠の（大きな）いのちに触れるということと異ならないであろう。別の箇所で、彼は、「物たちは花嫁のように胸をときめかせて精神的存在者を待ちうけている」（『識られざる神』）と述べ、また『夜と霧』では強制収容所で死んでいったある若い女性の言葉を引用している。彼女は、死の床に横たわりながら、バラックの窓から見える一本のカスタニエンの樹としばしば会話をかわすと言う。「樹はあなたに何か返事をしましたか」と聞くフランクルに、彼女はこう答える。「あの樹はこう申しましたの。私はここにいる――私は――ここに――いる。私はいるのだ。永遠のいのちだ……」。

この言葉と前述のフランクルの「愛するとき、私は自分を忘れます。祈るとき、自分のことなど眼中にありません。そして死ぬとき、おなじようなことが起きるのです」という言葉とは別のものではないであろう。そしてこれらと、さきの道元の、「この生死は、すなはち仏の御いのちなり」とはまったく別のものだとも言えないであろう。フランクルは、愛する時、祈る時、死ぬ時、そのつど「自分を忘れる」と言い、道元は、生の時は生、死の時は死、とそのつど前後際断的に「わが身をも心をもはなちわすれて」と言う。生も死もそれぞれまったく時間のうちで生起するものでありながら、しかもそのつどの瞬間瞬間において脱自的・自己超越的である。そこにおいては死の時も生の時と変わりがない。すべては「永遠のいのち」（フランクル）のうちの出来事であり、「仏の御いのち」（道元）の出来事である。

ここから、さきの「人生の意味についての問いの観点の転回」に関するフランクルの言葉も一層深く理解されうるであろう。「われわれが人生の意味を問うのではなく、われわれ自身が問われた者として体験されるのである。人生はわれわれに毎日毎時問いを提出し、われわれはその問いに、詮索や口先ではなくて、正しい行為によって応答しなければならないのである」。神（あるいは仏）との合一（往相）が最終的なあり方ではなく、その合一は日常性のレヴェルに還ってこなければならない（還相）。マイスター・エックハルトの説く日常性がキリスト教神秘主義を代表するものであるとすれば、フランクルのそれはユダヤ教神秘主義（例えばハシディズム）に通ずるとも言いうるであろう。そしてこの点においても、フランクルの立場には禅の日常底（平常底）と共通するものが認められるのである。

以上、粗雑であるが、フランクルと東洋思想との共通点のいくつかを概観した。本当は両者の異同についてより厳密な比較検討が必要であることは言うまでもない。ただ筆者は、現代世界の状況を考えるとき、とりわけ宗教的な問題に関しては、いたずらに相違点を強調するよりも、共通点を探り出すことの方がより重要なことではないかと考える者である。そのような観点からフランクルの思想を受け取るとき、日々の前後際断的な瞬間ごとに永遠のレーベン（いのち）が宿っているという彼の思想が驚くほど東洋に近いことに気づかされるのである。たしかに、彼が筆者にふともらされたように、「本当に深い思想は、洋の東西を問わず、いつも同じところに行きつく」のかもしれない。

訳者あとがき

本書の著者ヴィクトール・E・フランクルは、昨年（一九九七年）九月四日、心臓病で逝去された。享年九十二歳であった。筆者はこの年の二月末に一週間ウィーンに滞在し、しばしば博士にお目にかかる機会を得たが、その時の印象でもこの日の遠くないことが予感された。外見上はきわめて血色もよくお元気な様子であったが、訪問のたびに主治医の往診にぶつかったし、エリー夫人も「私は夜もこの服のまま一時間おきに起きて夫の様子をみています。もう私には覚悟ができています」と話されたからである。そのような重篤な状態にもかかわらず、博士は長時間にわたって私の質問に答えて下さった。あくまで謙虚で親切な、温かく気配りの行き届いた博士に接して、私は本当の人間に出会った、と強い感銘を受けた。（この時の博士との対話については、すでにその要点を前訳書『宿命を超えて、自己を超えて』［春秋社］の訳者「あとがき」に記したので、それを参照していただきたい。）

本書は“*Was nicht in meinen Büchern steht, Lebenserinnerungen*”(2., durchges. Auflage)（『私の書物に記されざりしこと——回想録』、第二版改訂版）(Quintessenz MMV Medizin-Verlag, 1995, München) の全訳である。筆者は、ウィーン訪問の際に、この書の存在を博士の弟子の一人であり、その完成に尽力したハラルド・モリ氏から知らされ、二度目の博士訪問の際に、その翻訳を博士に申し出て御快諾をいただいた。その時、久しく眼を病んでおられた博士は、筆者の求めに応じて、ほとんど宙で、原著にサインをして下さった。その日からほぼ一年、まことに光陰矢の如しである。いまはただ亡き博士を偲びつつ、おずおずとこの拙訳を博士のご霊前に捧げるばかりである。

訳出に当たっては、まずウィーン在住のドイツ語会議通訳・翻訳家であるカールフーバー・吉田万里子氏が全体を訳し、次いで山田がその訳稿の全体にわたって詳細な検討をおこなった。できるだけ完全を期したつもりであるが、それでも思わぬ誤訳その他の不備があるかもしれない。それらは挙げて山田の責めに帰するものである。読者の御叱正を乞う次第である。

原文に疑問のある若干の箇所については、博士の弟子である Josef and Judith Fabry による英訳版 *Recollections, An Autobiography* (Plenum Press, New York, 1997) を参照した。

本書の出版に際しては多くの方々のお世話になった。とくに前述のカールフーバー・吉田万里子氏には、実質的に本書の共訳者と言えるほど多大な御協力をいただいた。同氏の無私な御尽力がなければ、本書がこれほど早く日の目をみることはなかっただろう。また原書の存在をご教示くださったモリ氏にも、ウィーンでの数々のご親切とともに、ここに改めてお礼を申し上げたい。さらにハイデッガーがフランクルを訪れた時に書き遺した言葉（本書の一五九頁）について、詳細なご教示を賜った大阪府立大学名誉教授の白井成道先生のご親切にも心よりお礼を申し述べたい。最後に、本書の編集・出版に際しては、今回も春秋社の皆様、特に編集部の鷲尾徹太氏に多大なご尽力をいただいた。ここに、あらためてお礼を申し上げたい。

本書の末尾に拙い解説を付した。久しくフランクル博士の思想に親しんできた訳者が、博士のご逝去に際して、あらためてフランクルという存在が訳者にとって、またひいてはこの二十世紀にとっていかなる意味をもっていたかを確認しておきたいとの思いにかられたからである。そのために、博士のこの尊い自伝が汚されることのないのを祈るばかりである。

なお、この解説はフランクル思想の宗教的側面を含めて考察したためかなり難解なものになったのではないかと怖れる。前訳書『それでも人生にイエスと言う』（春秋社）の訳者解説で、博士の思想のほぼ全体をできるだけ平易に紹介しておいたので、それをあわせて参照していただければ幸いである。

平成十年三月二十六日、フランクル博士の誕生日に

山田邦男　記

新装版によせて

このたび拙訳『フランクル回想録』の新装版が出ることは訳者にとって望外の喜びである。この機会にいくつかの訳語の修正を行ったほか、訳者「解説」にフランクルの創作劇『ビルケンヴァルトの共時空間』中の一文を加えた（本書一九三頁参照）。この創作劇は種々の点で重要なものであるが、とりわけフランクルのナチスに対する態度を理解する上で極めて重要なものであるように思われる。彼はしばしば、ナチスの中にも「まっとうな」人間がいたと述べているが、この彼の姿勢に対して、それはナチズムを擁護するものだという批判がしばしばなされてきた。この批判が的外れであることは本書からも明らかであるが、彼の姿勢の根底には、公式にはほとんど語られることのなかった宗教上の信念があったように思われる。それがこの創作劇の登場人物の口を借りて語られているのである。

フランクル博士が逝去されて早や十四年の歳月が過ぎた。しかし博士の肉体は無くなっても、その精神、彼の思想は世紀の変わり目を越えて、この二十一世紀においてこそますます重要なものになるのではないだろうか。

フランクルはほぼ二十世紀の全体を生き抜いたが、もし彼が今なお存命であれば、この二十一世紀初頭の状況に対して何と言うであろうか。

私たちの日本では東日本の大震災で二万人近い人々が亡くなったり行方不明になっている。遺された家族の悲しみに対して、ひとは一体どのような励ましの言葉をかけることができるだろうか。「どれほど言葉を費やしてもまだ足りない所では、どんな言葉も多過ぎる」(『苦悩する人間』)というのが実感であろう。ただ寄り添って共に涙するほかはない。そして確かに、多くのボランティア活動や救援活動もそこからなされたように思われるのである。他方、被災者の中には、自分に与えられた物資を、自分よりももっと困っている人に先に廻してあげてくださいと言って辞退する人々が珍しくなかったという。ナチスの強制収容所でも僅かに残ったパンを他人に差し出していた人がいたそうであるが、フランクルはこれこそが「英雄的行為」であると言っている。また自分自身が同じ境遇にありながら、あちらの人、こちらの人に優しい言葉をかけて回ったのも英雄的行為であろう。行為の偉大さは、「活動半径の大きさ」にあるのではなく、ぎりぎりの逆境の中にあってもなお他人のことを思いやる行為にある。フランクルはそれを「態度価値」とよんでいる。東日本大震災の悲劇は、「悲惨さ」の中にも、人間の「偉大さ」がなお失われていないことを示した。そして、そのことが世界の多くの人々に「人間」への信頼を呼び起こしたと言えるであろう。

この大震災は同時に原発事故という大惨事を引き起こした。いつ故郷に帰れるとも知れない人々にとっては、「兎追いしかの山」で始まる「故郷《ふるさと》」の歌が切なくて歌えないという。家族も家も仕事もなくした人々は、故郷である自然をもなくしてしまった。テクノロジーによる際限のない物質的豊かさと効率性の追求は、もし節度を知らなければ、人間に悲惨な災厄をもたらす。フランクルはすでに一九四六年に「原子爆弾の発明は、世界規模の破局の恐怖をはぐくんでいる」と述べ、人々に悲観的・虚無的な気分をもたらしていると指摘している（『それでも人生にイエスと言う』）。私たち日本人は広島、長崎と二度も原爆を体験した上に、今度は原発事故によってまさに「心の中が爆撃を受けた」（同書）ような体験をした。原発廃止の是非が世界的に問題になっているが、この問題において真に問われるべきことは、人間のありようである。フランクルは、変えることのできるものを変えようと努めないのは「宿命論」であると言い、人間はそれに対して「精神の抵抗力」を呼び起こさねばならないと言う。原発をはじめテクノロジーの問題は、「人間」から捉え返されねばならない。

世界に目を転じれば、今世紀に入った直後の二〇〇一年九月十一日にアメリカで同時多発テロ事件が起った。それに続いて対イラク戦争が起り、また経済的にはリーマン・ショックやユーロ圏の危機、アメリカと日本の大幅な財政赤字など、世界的規模の経済的危機が起っている。しかし他方では、イスラム諸国における「アラブの春」の体制変革運動は専制主義的な強権支配を覆しつつあり、またアメリカから世界各国に拡がった反格差運動は資本主義的な金権支配の変革を迫っている。これらの運動に共通しているのは、ごく一握りの支配層の「強欲」に対する圧倒的大多数の一般市民の「人間」としての抗議であることとである。

今世紀に入ってから、市場原理主義のグローバリゼーションがますます進行しつつあるが、他方では「人間」が至る所で声を上げつつある。この声を「弱者の怨恨《ルサンチマン》」とのみ片づけるのは皮相的であろう。むしろそれは、フランクルの言う「意味への意志」（とくに「創造価値」の実現欲求）から発せられる実存的な叫びなのである。人間は誰しも「意味への意志」、すなわち「自らの人生を生きがいある人生にしたいという願い」を有している。この「意味への意志」は、フランクルによれば「快楽への意志」や「力への意志」よりもより根本的かつ人間的な意志である。では、この「意味への意志」はいかにして充たされるのであろうか。この問いはフランクルが生涯を通じて問い続けたものであるが、今やその問いが新たな形をとってわれわれに突きつけられているように思われる。そして、その問いに対しては、われわれ一人ひとりが自らの「人間」としての実存において答えるほかはないであろう。

この新装版の刊行に際して、フランクルの創作劇『ビルケンヴァルトの共時空間』からの引用を御快諾くださった訳者の鳥取大学教授武田修志氏に厚くお礼を申し上げたい。また新装版の出版に御尽力をいただいた春秋社編集部の方々にも厚くお礼を申し上げたい。

平成二十三年十月十五日

山田邦男

＊本書巻末の「新装版によせて」は二〇一一年新装時のものです。

訳者略歴

山田邦男（やまだ　くにお）
1941年、大阪市に生まれる。京都大学教育学部博士課程中退。大阪府立大学総合科学部教授を経て、現在同大学名誉教授。人間形成論・哲学的人間学専攻。『人間とは何か』、『それでも人生にイエスと言う』をはじめとしたフランクル・コレクションシリーズ（春秋社）の訳出等、フランクル思想の紹介に努める。著書に『フランクルとの〈対話〉』（春秋社）など。

フランクル回想録　20世紀を生きて

1998年5月15日　初　版第1刷発行
2024年9月20日　新装版第1刷発行

著　者＝V. E. フランクル
訳　者＝山田邦男
発行者＝小林公二
発行所＝株式会社 春秋社
〒101-0021　東京都千代田区外神田2-18-6
電話　(03) 3255-9611（営業）
(03) 3255-9614（編集）
振替　00180-6-24861　https://www.shunjusha.co.jp/
印刷所＝株式会社太平印刷社
製本所＝ナショナル製本協同組合

Was nicht in meinen Büchern steht
by Viktor E. Frankl

ISBN 978-4-393-36579-3　C0011　Printed in Japan
定価はカバーに表示してあります

装　幀＝芦澤泰偉

春秋社◎フランクルの本

人間とは何か　**実存的精神療法**　山田邦男監訳

「人間が問うのではない。人生それ自身が人間に問いを立てているのだ」——生涯にわたって改稿を重ねた主著。

それでも人生にイエスと言う　山田邦男・松田美佳訳

ナチスの強制収容所体験を踏まえつつ、どんな苦悩の中にも生きる意味があることを訴えた感動のロングセラー。

宿命を超えて、自己を超えて　山田邦男・松田美佳訳

著名ジャーナリスト、F・クロイツァーとの対談を中心に、フランクル心理学・哲学のエッセンスを平易に説く。

〈生きる意味〉を求めて　諸富祥彦監訳

若い世代に蔓延する無気力感、セックスや麻薬の氾濫など、現代特有の精神的苦悩を論じた、英語による講演集。

制約されざる人間　山田邦男監訳

遺伝や環境といった宿命を超克しうる人間精神の主体性を明らかにした、フランクル人間哲学の本格的論文集。

意味への意志　山田邦男監訳

人間の精神は肉体にも心理にも還元できない。表題作の他、「時間と責任」「ロゴスと実存」など重要論文を収録。

意味による癒し　**ロゴセラピー入門**　山田邦男監訳

フランクルの創始した心理療法の核心と臨床例を解説した、日本初の「ロゴセラピー」論集。ロゴ・テストを併録。

苦悩する人間　山田邦男・松田美佳訳

「意味に満ちた苦悩は、いつでも苦悩そのものを超越した何かに向かっている」——最も根本的な思想・信仰を語る。

フランクル回想録　**20世紀を生きて**　山田邦男訳

愛する者の死にうちひしがれながらも人生の問いに応答しつづけた90年をふりかえる。晩年に語られた唯一の自伝。